# ¡DIME!

## PASAPORTE AL MUNDO 21

# ¡A practicar!

## Cuaderno

McDougal Littell

Evanston, Illinois    Boston ◆ Dallas

**Illustration Credits**

Lamberto Álvarez
Ruth J. Flanigan
Rick García
Hrana Janto
Judy Love
Isaías Mata
Jennifer D. Paley
Joan E. Paley
Marcy Ramsey
Daniel Torres

**Production and Design**
UpperCase, Inc.

International Standard Book Number: 0-669-44887-7

8 9 10 11 12 DBH 03 02 01

# ⚞⚟⚞⚟⚞⚟⚞ Contenido ⚟⚞⚟⚞⚟⚞⚟

**¡A practicar!**    iii

iv    **Contenido**

## Manual de gramática

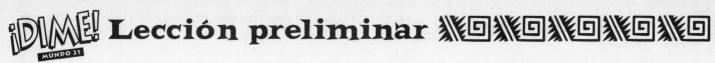 

**Nombre** _____ **Fecha** _____

# Conexiones

**A** **El encuentro con el otro.** ¿Sabes el número y el género de los sustantivos que usó Carlos Fuentes en la lectura *El encuentro con el otro*? Escribe cada sustantivo con su artículo definido y luego con su artículo indefinido.

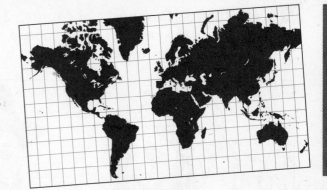

MODELO   gran diversidad   **la gran diversidad; una gran diversidad**

1. tema central _____

2. cuestión central _____

3. comunidad hispánica _____

_____

4. instante perfecto _____

5. confusión _____

6. culturas _____

7. mundo multicultural _____

_____

8. experiencia personal _____

_____

**B** **Oraciones.** Ahora escribe una oración con cuatro de las frases de la Actividad A.

MODELO   gran diversidad
**Hay una gran diversidad multicultural en la ciudad de Los Ángeles.**

1. _____

_____

2. _____

_____

3. _____

_____

4. _____

_____

**C** **El español: Pasaporte al Mundo 21.** ¿Por qué el español se puede considerar un pasaporte al Mundo 21? Para saberlo, completa las oraciones con el presente de indicativo de los verbos indicados.

1. Alrededor de 360 millones de personas _____ español. *(hablar)*

2. El español _____ palabras de origen ibérico, celta, germánico y árabe. *(incluir)*

3. El español también _____ palabras de muchas lenguas nativas. *(incorporar)*

4. El mundo hispánico _____ un universo con una gran diversidad cultural. *(ser)*

5. Todo el mundo _____ el famoso cuadro de Pablo Picasso titulado *Guernica. (admirar)*

6. En 1992, Rigoberta Menchú _____ el Premio Nobel de la Paz. *(recibir)*

7. _____ una gran influencia africana en las naciones del Caribe. *(existir)*

8. Nosotros, los estadounidenses, _____ en el debate sobre si Puerto Rico debe ser estado libre, estado de EE.UU. o país independiente. *(participar)*

9. El Salvador, Honduras, Nicaragua y Costa Rica _____ una historia dramática. *(compartir)*

10. Los parques nacionales de Costa Rica _____ una importancia ecológica para todo el mundo. *(tener)*

11. La lengua guaraní _____ con la ayuda de las misiones. *(sobrevivir)*

12. El título *Mundo 21* _____ referencia a los veintiún países de habla española y al siglo XXI a la vez. *(hacer)*

Nombre _____                         Fecha _____

# ¡Exprésate!

oficina del (de la) director(a) _____

timbre _____

la _____ cerradura de combinación

_____ lóquer

_____ reunión

_____ sala de profesores

_____ horario

_____ bebedero

_____ pasillo

---

**D** **El regreso a clases.** ¿Puedes identificar el género y el número de los sustantivos en el dibujo? Escribe el artículo definido correcto de cada sustantivo.

## Otros lugares en el colegio

_____ **estadio** *stadium*                     _____ **auditorio** *auditorium*

_____ **gimnasio** *gymnasium*                   _____ **cafetería** *cafeteria*

_____ **canchas de tenis** *tennis courts*       _____ **servicios** *restrooms*

_____ **campo de fútbol** *football or soccer field*   _____ **estacionamiento** *parking lot*

**E** **Un día típico.** Escribe un párrafo describiendo un día típico para ti en tu colegio. ¿Adónde vas? ¿A qué hora? ¿Qué cosas necesitas? Usa tu nuevo vocabulario.

EJEMPLO  A las diez tengo que estar en el gimnasio. Tengo que traer unos pantalones cortos, una camiseta, unos calcetines y mis zapatos deportivos. Usualmente dejo todo en mi lóquer hasta que suena el timbre del segundo período.

_____

_____

_____

# Vocabulario activo

**Fuentes culturales**

árabe *Arabic*
azteca *Aztec*
cristiano(a) *Christian*
europeo(a) *European*
gitano(a) *Gypsy*
griego(a) *Greek*
ibero(a) *Iberian*
indígena *native, indigenous*
judío(a) *Jewish*
mestizo(a) *mestizo, of mixed blood*
moro(a) *Moorish*
negro(a) *African, black*
romano(a) *Roman*

**Realidad multicultural**

la comunidad *community*
el desafío *challenge*
la diversidad *diversity*
empobrecer *to impoverish, make poor*
el encuentro *encounter*
excluir *to exclude*
la filosofía *philosophy*
incluir *to include*
la lucha *fight, struggle*
multicultural *multicultural*
multirracial *multiracial*
el perfil *profile*
el sentimiento *sentiment, feeling*
traicionar *to betray*
la voluntad *will, desire*

# Más práctica

**El tiempo, las estaciones y los meses.** ¿De qué piensan estos chicos? ¿Puedes describir sus pensamientos? Menciona el tiempo, la estación, el mes que crees que sea y la actividad en qué participan. ¿Qué hiciste tú este verano?

## 11. El tiempo, las estaciones y los meses

**Nombre** _____   **Fecha** _____

# Conexiones

**A**  **Los chicanos.**  ¿Qué aprendiste sobre los chicanos? Usa los verbos **ser** y **estar** para completar las oraciones a continuación.

1. De todos los grupos hispanos, los mexicanos _____ los que tienen la más larga asociación histórica con el EE.UU.

2. El imaginario Aztlán _____ en el suroeste de EE.UU.

3. En el Tratado de Guadalupe Hidalgo, México perdió lo que hoy _____ California, Nevada, Utah, la mayor parte de Nuevo México y Arizona y partes de Colorado y Wyoming.

4. Los braceros _____ trabajadores agrícolas temporales.

5. M.E.Ch.A. _____ un grupo estudiantil.

6. En 1977, algunos activistas de la comunidad _____ cansados de esperar y ocupan un edificio vacío en un barrio latino de San Francisco.

7. En el cuarto piso del edificio _____ el famoso taller de artes visuales, *Misión Gráfica*.

8. El Centro Cultural de la Misión _____ el corazón y el alma del barrio.

9. El 19,6 por ciento de la población de Chicago _____ de origen hispano.

10. La población mexicana _____ situada principalmente en las comunidades de Pilsen y La Villita.

11. Los murales coloridos _____ situados en los barrios mexicanos de Chicago.

12. Los murales _____ unas de las contribuciones más importantes de los artistas mexicanos y chicanos de Chicago.

Copyright © McDougal Littell, Inc.

**B** **Gente del Mundo 21.** Escribe tres oraciones describiendo los chicanos estelares de la sección *Gente del Mundo 21.* Una oración debe tratar de cómo son físicamente, y la otra debe tratar de cómo crees que son (o fueron) sus personalidades. También menciona sus profesiones.

**1.** Henry Cisneros _____

_____

**2.** César Chávez _____

_____

**3.** Sandra Cisneros _____

_____

**4.** Luis Valdez _____

_____

**C** **Adolfo Miller.** Los siguientes adjetivos son los que usó Sabine Ulibarrí para describir los tres personajes principales del cuento *Adolfo Miller.* Ahora tú inventa tres personajes y escribe un párrafo breve sobre cada uno describiendo su forma de ser. Recuerda que lo interesante está en el detalle.

**Adolfo:** *rubio, listo, amable, guapo, macho, atrevido, sereno, callado, serio, noble, gentil, hermoso*

**Francisquita:** *linda, bella, atractiva*
**Víctor:** *elegante, culto, arrogante*

**Personaje #1** _____

_____

_____

**Personaje #2** _____

_____

_____

**Personaje #3** _____

_____

_____

# ¡Exprésate!

**D**   **La identidad.** ¿Cómo eres? Vas a ser parte del juego "El Novio o La Novia Ideal" en tu colegio. Para poder participar, tienes que llenar este formulario. ¡Descríbete bien para que te escojan como participante! ¡Quizás conozcas al chico o a la chica de tus sueños!

---

**¿Cómo eres? Descríbete.**

**Edad:** _____ años

**Talla:** ☐ bajo(a)   ☐ mediano(a)   ☐ alto(a)
☐ esbelto(a)   ☐ normal   ☐ grande

**Pelo:** color _____ estilo _____

**Señas particulares:** _____

_____

_____

**Personalidad:** _____

_____

_____

_____

---

**¿A quién quieres conocer? Describe el chico o la chica de tus sueños.**

**Edad:** _____ años

**Talla:** ☐ bajo(a)   ☐ mediano(a)   ☐ alto(a)
☐ esbelto(a)   ☐ normal   ☐ grande

**Pelo:** color _____ estilo _____

**Señas particulares:** _____

_____

**Personalidad:** _____

_____

_____

_____

---

## Descripción física

**EL PELO**
corto *short*
largo *long*
liso *straight*
ondulado *wavy*
rizado, chino *curly*
Lleva el pelo suelto.
  *He/she wears his/hair loose.*
Lleva el pelo en cola de caballo. *He/she wears his/hair in a pony tail.*

**LAS SEÑAS PARTICULARES**
Es calvo(a). *He/she is bald.*
Lleva anteojos (de sol).
  *He/she wears (sun)glasses.*
Tiene bigote. *He has a mustache.*
Tiene hoyuelos/hoyitos.
  *He/she has dimples.*
Tiene pecas. Es pecoso(a).
  *He/she has freckles.*
Tiene un lunar debajo del ojo. *He/she has a mole beneath his/her eye.*

## Descripción de personalidad

**ADJETIVOS DESCRIPTIVOS**
alegre *upbeat, happy*
bromista *practical joker*
buena gente *good-hearted*
callado(a) *quiet*
cortés *courteous*
egoísta *egotistical*
hablador(a) *talkative*
rebelde *rebellious*
sincero(a) *sincere*
trabajador(a) *hard-working*
travieso(a) *mischievous*
valiente *brave*

# Vocabulario activo

### Gente

el actor, la actriz *actor, actress*
el alcalde *mayor*
el (la) campesino(a) migratorio(a) *migrant worker*
el (la) cineasta *film maker, director*
el (la) chicano(a) *Chicano, Mexican-American*
el (la) director(a) *director*
el (la) dramaturgo *dramatist, playwright*
el (la) escritor(a) *writer*
el gabinete *cabinet*
el (la) iniciador(a) *initiator, pioneer*
el (la) líder *leader*
el (la) organizador(a) sindical *union organizer*
el (la) poeta *poet*
el (la) político(a) *politician*
el (la) presidente(a) *president*
el (la) Secretario(a) de Vivienda y Desarrollo Urbano *Secretary of Housing and Urban Development*

### Los orígenes

adquirir *to acquire*
el anglosajón, la anglosajona *Anglo-Saxon*
el (la) colonizador(a) *colonizer*
explorar *to explore*
el ferrocarril *railroad*
la garantía *guarantee*
la guerra *war*
poblar *to populate*
el territorio *territory*
la tierra *land; ground, earth*
el tratado *treaty; treatise*

### El rápido desarrollo El programa de braceros

el bracero *Mexican farmworker in the US from 1942–1964*
el (la) familiar *family member*
el (la) indocumentado(a) *undocumented; illegal immigrant*
repatriado(a) *repatriated*
el (la) vecino(a) *neighbor*

### El Movimiento Chicano y El presente

Aztlán *mythological origin of the Aztecs*
la conciencia *conscience*
el derecho civil *civil right*
la huelga *strike*
La Causa *Chicano student movement*
M.E.Ch.A. *Movimiento Estudiantil Chicano de Aztlán*
el (la) méxicoamericano(a) *Mexican-American*
el orgullo étnico *ethnic pride*
el pasado indígena *indigenous past*
la raza *race*
el sindicato *union, syndicate*
la tradición colonizadora *colonizing tradition*

# Más práctica

## 29. Adjetivos descriptivos

**La clase de la Sra. Mendoza.**
Todos los niños en la clase de la Sra. Mendoza son muy diferentes. ¿Puedes describirlos?

**Nombre** _____  **Fecha** _____

Unidad 1, Lección 2

# ¡Exprésate!

**D**  **Álbum de fotos virtual.** Mira el álbum de fotos virtual que preparó Chayo. ¿Cómo describe sus vacaciones con su familia?

### De vacaciones.

Aquí estamos mi familia y yo de vacaciones en México. Fuimos a visitar a mis abuelos que viven en las afueras de la Ciudad de México. Abuelito dice que tenemos antepasados aztecas, por parte de sus bisabuelos, y también españoles, por lado de mi abuela.

 Pulse aquí para ver más video de nuestras vacaciones en México.

### Las castañuelas.

¡Abuelita me enseñó cómo tocar las castañuelas! De niña estudió flamenco y todavía tiene las castañuelas que usaba en sus espectáculos. ¡Es difícil controlar los dedos tan precisamente! Pero por fin aprendí un poco.

Pulse aquí para oírme tocar las castañuelas.

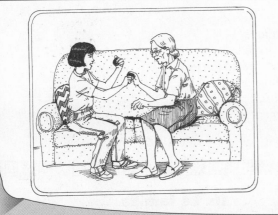

**E**  **Recuerdos familiares.** Ahora tú escribe una entrada para el álbum de fotos virtual de tu familia. ¿Te acuerdas de un incidente especial que tuviste con tu familia? ¿O unas vacaciones fuera de este mundo? Busca una foto o un video de un evento familiar y describe las actividades de tu familia ese día.

_____
_____
_____
_____
_____
_____

# Vocabulario activo

## Gente

artístico(a) *artistic*
aspirar (a) *to aspire (to)*
el (la) aspirante *aspirant, candidate*
la carrera *career, profession*
la categoría *category*
el (la) congresista *congressional representative*
el (la) coreógrafo(a) *choreographer*
el (la) cortador(a) de caña *sugar cane cutter*
el (la) diputado(a) *representative, congressman, congresswoman*
el distrito *district*
hacer el papel *to play the part*
el nivel *level*
nominar *to nominate*
la obra *work, product*
el premio *prize*
reluciente *sparkling, brilliant*
teatral *having to do with the theater*

## El Barrio de Nueva York

la bodega *food shop*
la botánica *herb shop*
el canal de televisión *television channel*
El Barrio *the common name for East Harlem in New York*
la esquina *corner*
el Este de Harlem *Spanish Harlem*
vibrante *vibrant*

## Ciudadanos estadounidenses y Una población joven

la ciudadanía *citizenship*
el (la) ciudadano(a) *citizen*
condecorado(a) *decorated with honors*
el desafío *challenge*
educativo(a) *educational*
el estereotipo *stereotype*
las fuerzas armadas *armed forces*
el grupo étnico *ethnic group*
reclutar *to recruit, draft*
el regimiento *regiment*
superar *to overcome*

## Situación actual

el (la) boricua *Puerto Rican*
la emigración *emigration*
enriquecer *to enrich*
la esperanza *hope*
inaugurar *to inaugurate, begin, open; to initiate*
el (la) investigador(a) científico(a) *scientific investigator, researcher*

# Más práctica

## Las relaciones familiares.

¿Puedes describir las relaciones familiares entre las personas de esta familia? ¿Quién es el abuelo de Gabriel Antonio? ¿Quién es el nieto de Ana Teresa Catalán de Fernández? Trata de describir todas las relaciones que puedas.

### 16. La familia

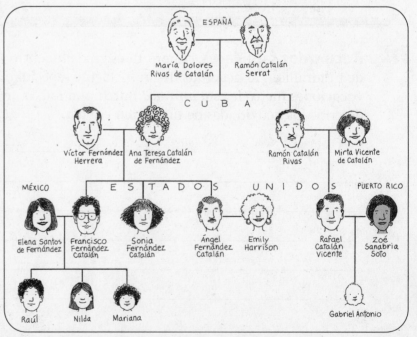

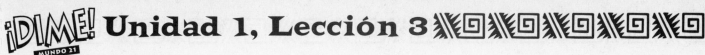

**Nombre** _____     **Fecha** _____

## Conexiones

**A** **Gente del Mundo 21.** Completa las oraciones con la forma correcta de los adjetivos y pronombres demostrativos indicados. ¡Ojo con el género, el número y el acento!

1. _____ libro de Óscar Hijuelos me gustó mucho. _____ de Nicolás Guillén también me gustó bastante. *(este, aquel)*

2. _____ disco compacto de Gloria Estefan fue fenomenal, ¿no? Pero tienes que admitir que _____ de Jon Secada ¡se gana todos los premios! *(aquel, ese)*

3. _____ chicas quieren pedirle el autógrafo a Andy García. _____ muchachos también lo esperan. *(aquel, ese)*

4. ¿Ves a _____ señores? Son parte de _____ grupo, ¿cómo se llama?, la Agenda Nacional de Liderazgo Hispano. *(aquel, ese)*

5. _____ señores cubanoamericanos conocían a Xavier Suárez cuando era estudiante en Harvard Law School. *(este)*

6. _____ generación de líderes cubanoamericanos incluye a personas como Xavier Suárez e Ileana Ros-Lehtinen. *(este)*

**B** **Jon Secada.** ¿Puedes completar las oraciones sobre Jon Secada, el cantante musical cubanoamericano de mayor fama? Usa los comparativos y superlativos de la lista.

**sumamente**   **el / más / del**   **mayor**   **guapísimo**

**más de**   **tanto ... como**   **mejor**

1. Jon Secada ha logrado conquistar el mercado musical _____ en inglés _____ en español.

2. Su primer disco fue uno de los diez discos de _____ venta en EE.UU. en 1992.

3. Se vendieron _____ un millón de copias de su primer disco en inglés.

4. En su primer año como solista, recibió dos nominaciones para el "Grammy": como _____ artista popular nuevo del año y como _____ artista latino.

5. Es _____ músico cubanoamericano _____ inteligente y sensual _____ momento.

6. Es _____ y _____ refinado.

**C** **Cristina.** ¿Ves el show de Cristina en la tele? Si contestas que sí, ya sabes que Cristina trata de temas cómicos, controvertidos, culturales, políticos, económicos, en realidad, de todo. Imagina que eres el productor del show de Cristina. Tienes que inventar seis temas para su programa, usando comparativos o superlativos, ¡por supuesto! Aquí te damos algunos ejemplos.

Los mejores atletas latinos            El hombre más egoísta del mundo

¿Es tu trabajo más importante que tus amigos?

más popular que    **mayor**    *más divertido que*

**mejor**    *MÁS EMOCIONANTE QUE*    **peor**

*tan elegante como*

**menos interesante que**    tantos amigos como

MENOS ATRACTIVO QUE

_____

_____

_____

_____

_____

_____

_____

_____

# ¡Exprésate!

**D** **Tus pasatiempos.** Esta página aparece en una revista latinoamericana. En ella, jóvenes de todo el mundo buscan amigos por correspondencia. Para saber con quién les gustaría corresponder, los jóvenes se describen a sí mismos a través de sus intereses y pasatiempos favoritos.

¿Cómo te describirías? ¿Cuáles son las actividades que capturan tu personalidad? Lee las entradas de los chicos y decide con quién te gustaría corresponder. Luego, descríbete a ti mismo(a).

## Y tú, ...

**Nombre y edad:** Ana María Alatorre (15 años)
**Dirección:** Entrega General, Colón, República de Panamá
**Pasatiempos:** chismear por teléfono, coleccionar videos de música, comprar cosas raras, patinar

**Nombre y edad:** Angélica Becerra Navarro (17 años)
**Dirección:** 5ta Avenida "B", 32–67, Zona 19, Col. 1 de Julio, Guatemala
**Pasatiempos:** actuar, hacer caminatas, coleccionar todo sobre Cristián, H2O y Menudo, y hacer nuevos amigos

**Nombre y edad:** Óscar Oswaldo Arriola (18 años)
**Dirección:** Brasil #246, B Güemes, Córdoba, Argentina, C.P. 5000
**Pasatiempos:** todo lo relacionado con la música, dibujar, salir a divertirme, coleccionar pósters de cantantes latinos

**Nombre y edad:** Cristián Corona Saénz (19 años)
**Dirección:** Pie de la Popa, Callejón Móntez, #17D, 167 Cartagena, Colombia
**Pasatiempos:** armar rompecabezas, estudiar idiomas, explorar el Internet, conocer amigos vía correo electrónico

**Nombre y edad:** _____

**Dirección:** _____

**Pasatiempos:** _____

_____

_____

## ...¿quién eres?

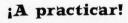

# Vocabulario activo

### Gente

**alcanzar** *to reach, achieve, obtain*
**la capacidad** *capacity, ability*
**la coalición** *coalition, alliance*
**coordinar** *to coordinate, organize*
**la crítica** *criticism*
**el (la) cubanoamericano(a)** *Cuban American*
**elegido(a)** *elected*
**elegir** *to elect*
**el entusiasmo** *enthusiasm*
**el éxito** *success*
**la generación** *generation*
**la meta** *goal, object, aim*
**mudarse** *to move, change place of residence*
**penetrante** *penetrating, piercing*
**el título** *title*
**el valor** *value*

### Los primeros refugiados y Muchas fuentes de trabajo

**empleado(a)** *employed*
**el exilio** *exile, banishment*
**la fuente de trabajo** *source of work*
**el incentivo** *incentive*
**lograr** *to achieve, obtain*
**proporcionar** *to supply, provide*
**el (la) recién llegado(a)** *new arrival*
**el (la) refugiado(a)** *refugee*
**el sistema comunista** *Communist system*
**la vivienda** *housing*

### Los marielitos*

**la adaptación** *adaptation*
**el apoyo** *help, assistance*
**la clase media** *middle class*
**la clase menos acomodada** *lower class*
**embarcarse** *to embark, go aboard*
**el marielito** *Cuban refugee of 1980*

*Balsero is the current term used for the emigrants that continue to arrive on rafts from Cuba.

### El éxito cubano

**el (la) banquero(a)** *banker*
**bilingüe** *bilingual*
**financiero(a)** *financial*
**fervientemente** *fervently, earnestly*
**la preocupación** *preoccupation, concern*
**el régimen** *regime, system*
**la transacción** *transaction*
**vehemente** *vehement, impassioned*

# Más práctica

## 23. Las diversiones y los pasatiempos

**Diversiones.** Es sábado en este pueblo. Todo mundo se está relajando. ¿Puedes describir las actividades de las personas en el dibujo? ¿Qué hacen? ¿Cuáles son sus pasatiempos favoritos?

**Nombre** _____ **Fecha** _____

# Conexiones

**A** **Gente del Mundo 21.** ¿Qué aprendiste de los personajes importantes de la historia española? Completa las oraciones con la forma correcta del pretérito de los verbos indicados.

1. El Cid Campeador _____ en Vivar, Burgos. _____ varias campañas militares contra los musulmanes. _____ a todo enemigo y por eso se considera el prototipo del héroe épico español. *(nacer, armar, conquistar)*

2. Alfonso X el Sabio _____ al trono en 1252. La cultura _____ bajo su dirección. Alfonso X _____ la traducción de antiguos textos clásicos al castellano. *(subir, florecer, motivar)*

3. El matrimonio entre Isabel y Fernando _____ a los reinos de Castilla y de Aragón. Bajo su reinado, _____ Granada, el último reino musulmán en España. Los Reyes Católicos _____ a Cristóbal Colón en su expedición a América. *(unir, caer, apoyar)*

4. Santa Teresa de Jesús _____ su vida a lo espiritual. _____ diecisiete conventos en su vida. _____ la distinción de ser canonizada, la primera mujer reconocida de esta manera. *(dedicar, establecer, recibir)*

**B** **Las maravillas de España.** Completa los comentarios de varias personas que visitaron distintos sitios en España. Pon los pronombres de objeto directo e indirecto que hacen falta.

1. _____ encantó la Alhambra de Granada. *(a mí)*

2. El guía turística _____ explicó que Al-Hamra en árabe significa "La Roja". *(a nosotros)*

3. ¿Qué _____ gustó _____ del viaje a España? *(a ti)*

4. _____ pareció fascinante la ilusión óptica que crea la infinidad de arcos en la mezquita de Córdoba. *(a mi hermana)*

5. Luego _____ llevaron a La Giralda de Sevilla. *(a nosotros)*

6. Saqué muchas fotos y _____ mandé a mi familia en California. *(a mi familia)*

7. En este momento _____ estoy escribiendo una tarjeta postal a mis padres. *(a mis padres)*

8. Las cuevas de Altamira son muy famosas. _____ mostraré con mucho gusto.

   *(a los turistas)*

**C** **La versión de Sancho.** Sancho describe el incidente entre don Quijote y los molinos de viento desde su punto de vista. ¿Puedes completar la historia con el pretérito de los verbos indicados?

1. descubrir: nosotros
2. verlos
3. preguntarle: yo
4. responderle: yo
5. responderme: él

6. atacar: él
7. levantarse
8. empezar
9. arrancarse
10. tratar: él

11. volver
12. tumbar
13. correr: yo
14. llegar: yo
15. encontrar: yo

16. suplicarle: yo
17. convertirlos
18. ayudarle: yo

(1)_____ treinta o cuarenta molinos de viento. Cuando don Quijote

(2)_____ me dijo: –¿Ves esos monstruos gigantes? Pienso hacerles batalla y

quitarles la vida.–

   –¿Qué gigantes?– (3)_____.

   –Aquéllos que están allí. ¡Mírale los brazos! ¡Larguísimos!, ¿no?–

   (4)_____: –No son gigantes, sino molinos de viento. Y los brazos no son

más que aspas.– (5)_____:–¿Tú qué sabes? No sabes nada de las aventuras.

Quítate que voy a empezar la batalla.– Y con eso (6)_____ a los gigantes.

   (7)_____ un poco de viento y las grandes aspas (8)_____ a

moverse. Con la lanza lista, don Quijote (9)_____ a todo galope y

(10)_____ de matar al primer molino. (11)_____ el viento con tanta

furia que (12)_____ a Don Quijote de su caballo. (13)_____ a ayudarlo,

pero cuando (14)_____, (15)_____ que pobre don Quijote no

podía moverse.

   –Oiga, ¡vuestra merced está loco! Son molinos, ¡no gigantes!– (16)_____

que no los atacara.

   –No lo creas. Aquel Frestón (17)_____ a molinos a último momento. Me

odia. Así cree que me quita la gloria de la victoria.

   (18)_____ a levantarse, se subió a Rocinante de nuevo y nos fuimos en

busca de más aventuras.

**Nombre** _____  **Fecha** _____

# ¡Exprésate!

**D** **En el aeropuerto.** Has decidido hacer un viaje a Madrid. ¿Qué tienes que hacer? Estudia las palabras y usa lo que sabes de viajar para traducir las frases al inglés.

## ¿Qué tienes que hacer primero?

Llamar a la agencia de viajes y hacer una reservación.

_____

_____

Comprar un boleto (o billete) de clase turista o de primera clase.

_____

_____

Pedir un asiento al lado de la ventanilla o al lado del pasillo.

_____

_____

## ¿Qué necesitas?

El pasaporte. _____

Las maletas. _____

Los cheques de viajero o la tarjeta de crédito.

_____

El boleto (o billete) de pasaje.

_____

## ¿Qué haces en el aeropuerto?

Vas al mostrador de tu aerolínea.

_____

_____

Facturas tu equipaje.

_____

_____

Cambias tu boleto por una tarjeta de embarque.

_____

_____

Buscas la puerta de dónde sale tu avión.

_____

_____

Le pones atención a los anuncios.

_____

Abordas cuando anuncian tu vuelo.

_____

## ¿Qué haces al llegar a Madrid?

Reclamas tu equipaje con tus comprobantes.

_____

_____

Pasas por la aduana.

_____

Buscas la salida.

_____

_____

**E** **El turista que no sabe nada.** ¿Puedes ayudarle a este pobre turista que no sabe qué hacer? Están en Barajas, el aeropuerto internacional de Madrid. Dile

*Tú:* _____  *Tú:* _____

*Tú:* _____  _____

_____  *Tú:* _____

Unidad 2, Lección 1

**¡A practicar!** 19

# Vocabulario activo

## Gente

**antiguo(a)** *ancient, old*
**castellano(a)** *Castillian; of Castille*
**el (la) descendiente** *descendant*
**el héroe, la heroína** *hero, heroine*
**el héroe épico** *epic hero*
**la ley** *law*
**el (la) protagonista** *protagonist*
**la Reconquista** *Reconquest (of Spain)*
**la reina** *queen*
**el reino** *kingdom*
**el rey** *king*
**los Reyes Católicos** *King Ferdinand and Queen Isabel*
**el siglo** *century*
**el trono** *throne*

## Los primeros pobladores

**celta** *Celtic*
**la costa mediterránea** *Mediterranean Coast*
**la cueva de Altamira** *the Altamira cave*
**el desarrollo** *development*
**fenicio(a)** *Phoenician*

**la invasión** *invasion*
**la navegación** *navigation; sailing*
**la península** *peninsula*

## La Hispania romana y La España musulmana

**el acueducto** *aqueduct*
**la ayuda** *help, aid*
**la carretera** *highway, public road*
**conquistar** *to conquer*
**la crisis** *crisis*
**el cristianismo** *Christianity*
**el Imperio Romano** *Roman Empire*
**islámico(a)** *Islamic*
**musulmán, musulmana** *Moslem*
**procedente** *coming, originating, proceeding*
**próspero(a)** *prosperous, successful*
**el puente** *bridge*
**la tolerancia** *tolerance*
**visigodo(a)** *Visigoth*

## La Reconquista

**la expulsión** *expulsion, expelling, ejecting*
**rehusar** *to refuse*

**sefardita** *Sephardic*
**la tropa** *troop*
**la unidad política** *political unity*
**la unidad territorial** *territorial unity*

## España como potencia mundial

**abdicar** *to abdicate; to give up*
**la caída** *fall, downfall, collapse*
**el colapso** *collapse*
**el dominio** *dominion, domain, territorial possession*
**eficaz** *efficacious, effective*
**el emperador** *emperor*
**la emperatriz** *empress*
**extenso(a)** *extensive; far-reaching*
**la herencia** *inheritance, heritage*
**la inflación** *inflation*
**el oro** *gold*
**la plata** *silver*
**el poder militar** *military power*
**el protestantismo** *Protestantism*
**reunir** *to reunite; to bring together*
**sobresaliente** *outstanding*

# Más práctica

**Los medios de transporte.**
Acabas de llegar a este pueblo de España. Tienes que visitar a varias personas y lugares. ¿Cómo prefieres ir?

## 21. Los medios de transporte

MUNDO 21

# Conexiones

**A** **El sábado.** Maribel, una chica española, le cuenta a una amiga lo que hizo ayer por la noche con sus amigos. Completa su parte de la conversación telefónica. Usa el pretérito de los verbos indicados.

1. Alfredo _____ boletos para la película *Mujeres al borde de un ataque de nervios. (conseguir)*

2. Nos _____ que lo acompañáramos. *(pedir: él)*

3. ¿La has visto? Antonio Banderas actúa en ella. El director, Almodóvar, lo _____ tan raro que es casi imposible reconocerlo. *(vestir)*

4. _____ bastante. *(reírse: nosotros)*

5. Magdalena y Roberto _____ ir a otra película. *(preferir)*

6. Dice Magdalena que ella _____ mucho. *(divertirse)*

7. Pero Roberto dice que _____ aburrido. *(sentirse: él)*

8. _____ en el cine y Magdalena tuvo que despertarlo. ¡Qué vergüenza! *(dormirse: él)*

**B** **Los avances de las mujeres españolas.** Valeria, una mujer española, le escribe este correo electrónico a una amiga después de una entrevista que tuvo en una oficina de abogados. Completa su carta con el pretérito de los verbos indicados.

| Para: | Olga33 | Copias a: | |
|-------|--------|-----------|---|
| De: | Valeria17 | | |
| Tema: | Mi entrevista | Archivo: | |

¡Hola! _____ *(tener)* una entrevista ayer. _____ *(ponerme)* el traje azul que compramos juntas, ¿no te acuerdas? _____ *(irme)* temprano de casa para llegar a tiempo. _____ *(andar)* a la oficina. El licenciado no _____ *(poder)* verme inmediatamente y _____ *(tener)* que esperar. Durante la entrevista _____ *(haber)* muchas interrupciones. Sentía una ansiedad increíble pero _____ *(mantener)* la calma exterior todo el tiempo. _____ *(estar)* *allí por cinco horas,* ¡imagínate! Sé que _____ *(hacer)* una impresión positiva; el licenciado quería ofrecerme el puesto pero no _____ *(poder)* porque no estaba su jefe. _____ *(decir)* que me llamaba dentro de dos días. Te cuento más mañana.

**C** **Picasso.** Juan Diego acaba de regresar de España donde pudo ver muchas obras de Picasso, incluso el Guernica. ¿Qué dice de su experiencia? Puedes usar el pretérito o el presente de indicativo para completar sus pensamientos.

MODELO   a mí / agradar mucho / los cuadros de Picasso
   **(A mí) Me agradan mucho los cuadros de Picasso.**

1. a mí / especialmente / encantar / su período cubista

   _____

2. a la gente / doler / mucho / la violencia cometida / en Guernica

   _____

3. a Picasso / indignar / el bombardeo / y / la destrucción de Guernica

   _____

4. ¿no / a ti / fascinar / la historia / de los viajes del Guernica?

   _____

5. a Picasso / importar demasiado / que su obra no regresara a España

   _____

6. a Picasso / interesar / la oferta de los intelectuales españoles que contribuyera un mural / a la Exposición Universal

   _____

7. a Picasso / ofender / que quisieran usar / su obra / como propaganda

   _____

8. a mí / sorprender / que el Guernica / no volvió / a España / hasta 1981

   _____

9. a mí / quedar / ganas de estudar más / el arte de Picasso

   _____

10. a nosotros / parecer / intolerable / lo que pasó / durante / la guerra civil de España

   _____

**Nombre** _____  **Fecha** _____

# ¡Exprésate!

Unidad 2, Lección 2

**D** **En el hotel.** Primero estudia el vocabulario y luego completa el diálogo entre tú y la recepcionista del Hotel San Ángel. Te estás registrando y la recepcionista te hace preguntas sobre tus preferencias.

| ¿Dónde te vas a quedar? | ¿Qué tipo de habitación deseas? |
|---|---|
| en un albergue juvenil *youth hostel* | ¿Un cuarto individual o doble? *single or double?* |
| en un hostal o una posada *guest house, inn* | ¿Un cuarto con una cama o dos camas? *one bed or two?* |
| en una pensión *boarding house* | ¿Un cuarto con televisor y teléfono? *with television and telephone?* |
| en un hotel barato *inexpensive hotel* | ¿Un cuarto con baño privado o con ducha? *with a private bath or shower?* |
| en un hotel de lujo *luxury hotel* | ¿Un cuarto con aire acondicionado? *with air conditioning?* |
| en un parador de turismo *government-owned hotel* | ¿Un cuarto con vista al mar? *with a view of the ocean?* |

*Recepcionista:* Buenas tardes. ¿En qué puedo servirle?

*Tú:* _____

*Recepcionista:* ¿Qué tipo de habitación desea?

*Tú:* _____

*Recepcionista:* Tenemos un cuarto con teléfono, pero sin televisor. ¿Le parece bien?

*Tú:* _____

*Recepcionista:* ¿Prefiere baño privado?, o ¿no le hace falta?

*Tú:* _____

*Recepcionista:* Puede escoger entre un cuarto que tiene vista al mar sin aire acondicionado, o un cuarto con aire acondicionado pero con vista poco agradable.

*Tú:* _____

*Recepcionista:* Muchas gracias. Aquí está la llave del cuarto #387. Que pase buena noche.

# Vocabulario activo

**Gente**

el campeón, la campeona *champion*

la Comunidad Económica Europea (CEE) *European Economic Community*

la disciplina *discipline*

galán *actor, elegant, gallant*

los Juegos Olímpicos *Olympic Games*

la medalla *medal*

la meta *goal, object, aim*

el (la) nieto(a) *grandson, grand-daughter*

el Partido Socialista Obrero Español (PSOE) *Spanish Socialist Workers' Party*

el (la) sucesor(a) *successor*

el (la) tenista *tennis player*

el torneo *tournament*

**El Siglo de Oro**

la calidad *quality*

la comedia *comedy*

la decadencia *decadence, decline*

excepcional *exceptional*

el idealismo *idealism*

el poeta místico *mystical poet*

el realismo *realismo*

sobresalir *to stand out, excel*

la tragedia *tragedy*

**Los Borbones y**
**La invasión francesa**

la academia *academy*

la avenida *avenue*

la colonia *colony*

imponer *to impose, force upon*

invadir *to invade*

los jardines *gardens*

las modas *custom, styles, fashions*

la monarquía *monarchy*

neoclásico(a) *neoclassical*

el testimonio *testimony, proof, evidence*

**España: Siglo XX**

coronar *to crown; to honor*

el destino *destiny*

la Guerra Civil *civil war*

industrializado(a) *industrialized*

la rebelión *rebellion*

# Más práctica

**13. Las tiendas**

**De viaje.** Estás de vacaciones en este pueblito mexicano. ¿Qué haces? ¿Adónde vas? ¿Qué compras en cada lugar?

**Nombre** _____   **Fecha** _____

# Conexiones

**A** **La producción de una película.** ¿Qué hacían estas personas a través de la producción de una película?

MODELO  director: seleccionar a los actores
**El director seleccionaba a los actores.**

1. productor: conseguir dinero

   _____

2. directora y camarógrafo: decidir dónde poner las cámaras

   _____

   _____

3. guionista: escribir el guión cinematográfico

   _____

4. director de música: seleccionar la música

   _____

5. publicistas: crear la publicidad

   _____

6. directora: decidir en qué debe o no debe enfocar la cámara

   _____

7. directora: decirles a los actores cómo actuar

   _____

8. ingeniero de sonido: controlar el sonido

   _____

9. directora y camarógrafo: determinar la cantidad y el tipo de luces necesarias

   _____

   _____

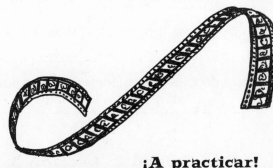

**¡A practicar!** 25

**B** **La escena.** Tienes que escribir la narración para una película. La escena que estás describiendo tiene lugar en un restaurante. Estás describiendo el evento en el pasado. ¡Ojo con el pretérito y el imperfecto!

MODELO  **Era** un día lluvioso. *(ser)*

1. _____ a ver una película. *(ir: nosotros)*

2. Después de la película, _____ mucha hambre. *(tener: nosotros)*

3. _____ un restaurante francés. *(escoger: nosotros)*

4. _____ animadamente. *(charlar: nosotros)*

5. _____ fuerte, a carcajadas a veces. *(reírnos)*

6. _____ lentamente, como si tuviéramos mucho tiempo. *(comer: nosotros)*

7. Nos _____ el camarero con impaciencia. *(mirar)*

8. _____ feliz. *(sentirme: yo)*

9. _____ todo sentido del tiempo. *(perder: nosotros)*

10. El camarero tuvo que decirnos que _____ tiempo de irnos. *(ser)*

11. ¡_____ los únicos clientes en el restaurante! *(ser: nosotros)*

**C** **El producir una película.** Usa el infinitivo y escribe una oración usando los elementos indicados. ¡Sé creativo(a)! Como ya sabes, hay varias formas de usar el infinitivo.

MODELO  seleccionar a los actores / responsabilidad del director
**El seleccionar a los actores es la responsabilidad del director.**

1. conseguir dinero / para una película / no ser / nada fácil

   _____

2. camarógrafo / ayudarle al director / decidir dónde poner las cámaras

   _____

3. yo / soñar con / escribir un guión cinematográfico

   _____

4. director de música / insistir en / seleccionar la música

   _____

5. director / contar con los publicistas / para / crear la publicidad

   _____

6. al / decirles a los actores cómo actuar / director / ayudarles con su interpretación

   _____

Nombre _____ Fecha _____

# ¡Exprésate!

Camarero(a) *waiter, waitress*
Mesero(a) *waiter, waitress*
Sr., Sra., Srta. *Mr., Mrs., Miss*
¿Podría traerme el menú? *Could you please bring me the menu?*
¿Cuáles son las especialidades de la casa? *What are the specialties of the house?*
¿Qué recomienda como aperitivo? *What do you recommend as an appetizer?*
¿Qué recomienda como plato principal? *What do you recommend as the main course?*
¿Es picante? *Is it spicy?*

¿Es pesado o ligero? *Is it heavy or light?*
¿Qué hay para tomar? *What do you have to drink?*
¿Podría traerme un refresco de ...? *Could you please bring me a ... soft drink?*
Soy alérgico(a) a(l) ... ¿No contiene ... el plato? *I'm allergic to ... Does the meal contain ...?*
De postre, tráigame un ... *For dessert, please bring me ...*
La cuenta, por favor. *The check, please.*
¿Aceptan tarjeta de crédito o cheques de viajero? *Do you accept credit cards or traveller's checks?*

**D** **En el restaurante La Castellana.** Estás en el restaurante La Castellana con dos amigos. Escribe la conversación entre la camarera, tú y tus amigos.

*Camarera:* _____

*Tú:* _____

*Camarera:* _____

*Tú:* _____

*Camarera:* _____

*Tu amigo(a):* _____

*Camarera:* _____

*Tu amigo(a):* _____

*Camarera:* _____

*Tú:* _____

*Camarera:* _____

*Tú:* _____

*Camarera:* _____

*Tu amigo(a):* _____

*Camarera:* _____

# Vocabulario activo

**El nuevo cine español**
la **complejidad** *complexity*
**contemporáneo(a)** *contemporary*
**convertirse (en )** *to become*
**el espejo** *mirror*
**extranjero(a)** *foreign*
**reflejar** *to reflect*

# Más práctica

**El restaurante El Pescador.**
Imagínate que estás en el restaurante El Pescador. ¿Qué pedirías? ¿Qué le dirías al camarero? ¿Qué crees que pidieron las personas en el dibujo?

## 20. Los restaurantes y los cubiertos

**Nombre** _____  **Fecha** _____

# Conexiones

**A** **Tiempo libre.** ¿Puedes completar la narración sobre el cuento *Tiempo libre*? Usa el pretérito o el imperfecto de los verbos indicados, según sea necesario.

1. Todas las mañanas el señor _____ el periódico. *(comprar)*

2. Todas las mañanas _____ el periódico. *(leer)*

3. Todas las mañanas _____ los dedos con tinta. *(mancharse)*

4. Nunca le _____ ensuciárselos. *(importar)*

5. Pero esa mañana _____ un gran malestar cuando apenas _____ el periódico. *(sentir, tocar)*

6. _____ que solamente _____ de unos de sus acostumbrados mareos. *(creer, tratarse)*

7. _____ el importe del diario y _____ a su casa. *(pagar, regresar)*

8. _____ en su sillón favorito y _____ a leer la primera página. *(acomodarse, ponerse)*

9. _____ al doctor. *(llamar)*

10. _____ por teléfono cuando _____ que la mancha no _____ mancha, sino letritas minúsculas. *(hablar, notar, ser)*

11. _____ al periódico. Ellos lo _____ y él _____. *(llamar, insultar, colgar)*

12. Las letritas _____ hasta su cintura. *(avanzar)*

13. _____ más y más. *(asustarse)*

14. _____ bocarriba. *(caerse)*

15. _____ un ruido. *(escuchar)*

16. Su esposa _____ la puerta. *(abrir)*

17. _____ que _____ su salvación. *(pensar, llegar)*

18. Su esposa lo _____ del suelo y _____ a leer. *(levantar, ponerse)*

**¡A practicar!** 29

**B** **El arte mexicano.** Pablo estudió el arte mexicano el verano pasado. Completa la entrada que escribió en su diario después de ver una exposición del arte de Frida Kahlo.

Anoche _____ *(ir)* a una exposición del arte de Frida Kahlo. El verano pasado _____ *(estudiar)* arte en México y los estudiantes siempre _____ *(hablar)* de ella. A menudo yo _____ *(ir)* a los museos de la Ciudad de México. Generalmente _____ *(pasar)* dos o tres horas en el museo. Frecuentemente _____ *(ver)* a otros estudiantes de la clase de arte en algunos de los museos.

Me _____ *(gustar)* el arte precolombino más que el arte moderno por lo general. Pero a veces me _____ *(asombrar)* la belleza de las obras modernas, como las de Frida. Hace un mes mi hermana me _____ *(regalar)* un libro sobre su vida. Ayer _____ *(empezar)* a leerlo. En algún momento durante la noche, _____ *(empezar)* a entender su sufrimiento.

**C** **Opiniones.** Completa las preguntas y opiniones que siguen con los adjetivos y pronombres posesivos correctos. Sigue el modelo.

MODELO  (de usted)
*La noche de Tlatelolco* es mi libro favorito de Poniatowska. ¿Cuál es **el suyo** ?

**1.** (de él)
Nuestro disco favorito de Luis Miguel es *Romance.* ¿Cuál es _____?

**2.** (de ella)
_____ película exitosa fue titulada *Verano peligroso.* ¿Cuál es el título de _____ último disco?

**3.** (de ti)
Sus padres son de origen mexicano. ¿Cuál es el origen de _____?

**4.** (de nosotros)
Entre _____ favoritos artistas mexicanos están Diego Rivera y Frida Kahlo. ¿Son tus favoritos también?

**5.** (de él)
Las pinturas de Frida Kahlo reflejan su dolor y su sufrimiento. Pero las pinturas de Diego no. _____ reflejan lo político.

**6.** (de mí)
La ciudad favorita de mi mamá en todo México es la Ciudad de México. _____ es Cuernavaca.

Nombre _____     Fecha _____

# ¡Exprésate!

el gorro
la gorra

la bufanda

la chamarra
la cazadora

los guantes

las botas para
la nieve

la lengueta

los cordones

el talón
(o tacón)

la suela

**El zapato**

las mangas cortas

el botón

el bolsillo

**La blusa y el chaleco**

el cuello

las mangas largas

el puño

**La camisa**

La tela es de:
el algodón *cotton*
el cuero *leather*
la lana *wool*
el lino *linen*
el poliéster *polyester*
la seda *silk*

**D** **¿Qué me pongo?** Vas a salir con unos amigos a un baile, o a la playa, o a esquiar, o a algún otro sitio. ¿Cómo te vas a vestir? Primero decide adónde vas y luego describe la ropa que te vas a poner.

Mis amigos me invitaron a _____

_____

_____

_____

_____

Unidad 3, Lección 1

# Vocabulario activo

## Gente
asesinar *to assassinate*
el (la) cantante *singer*
el encarcelamiento *imprisonment*
enfrentar *to confront*
el ensayo *essay*
la fuerza militar *military*
el ídolo *idol; image*
iniciar *to begin, start off*
la masacre *massacre*
el periodismo *journalism*
el (la) periodista *journalist, reporter*
la Segunda Guerra Mundial *Second World War*

## Los orígenes mesoamericanos
la civilización *civilization*
costeño(a) *coastal, from the coast*
cultivar *to cultivate, grow*
el frijol *bean*
fundar *to found, establish*
el jitomate *type of tomato*
el maíz *corn*
mesoamericano(a) *Middle (Central) American*
el núcleo urbano *urban center*
prosperar *to prosper; to be successful*
la región *region, area*

## La conquista española
el beneficio *benefit; profit, gain*
caer *to fall; decline*
comandar *to command*
el conflicto *conflict*
emplumado(a) *feathered*
establecer *to establish*
la expedición *expedition*

la llegada *arrival*
el mito *myth*
la mitología *mythology*
el oriente *east; the orient*
prometer *to promise*
Quetzalcóatl *mythical Mesoamerican god*
la serpiente *serpent*
el sitio *siege; place, location*
el Virreinato de la Nueva España *Viceroyalty of New Spain*

## México independiente en el Siglo XIX
el (la) campesino(a) *country person; peasant*
ceder *to yield, give over, give up*
el colono *colonist, settler*
derrotar *to defeat, beat*
la estabilidad *stability*
forzar *to force*
la fuerza *strength, power, force*
por la fuerza *by force*
el golpe de estado *coup d'état*
huir *to flee, run away*
la independencia *independence*
la insurrección *insurrection, uprising*
la lucha armada *armed battle*
la mitad *half*
progresista *progressive*
promover *to promote*
salvar *to save, rescue*
triunfante *triumphant*

## La Revolución Mexicana
el corrido *type of popular Mexican song*
cruzar *to cross*
la década *decade*
durar *to last, endure*
la frontera *frontier, border*
la nacionalización *nationalization*
el Partido Revolucionario Institucional (PRI) *Institutional Revolutionary Party (Mexico)*
el período *period, space of time*
la población *population*
por ciento *percent*
las raíces culturales *cultural roots*
la repartición *distribution, division*
la revolución *revolution*
revolucionario(a) *revolutionary*
violento(a) *violent*

## México contemporáneo
acelerar *to accelerate, speed up*
actual *current; present*
la actualidad *present time*
contaminado(a) *polluted, contaminated*
diversificar *to diversify*
el milagro *miracle*
poblado(a) *populated*
reducir *to reduce; to diminish*
último(a) *last, final, latest*
urbanizado(a) *urbanized*

**12. La ropa**

# Más práctica

**La moda de hoy.** ¿Puedes describir la ropa de todas las personas en el dibujo? ¿Te gustan los estilos? ¿Qué traes puesto tú hoy? Por lo general, ¿cómo se visten los jóvenes de hoy para ir al colegio? ¿al cine? ¿a los partidos deportivos? ¿a los bailes?

**Nombre** _____ **Fecha** _____

# Conexiones

**A** **Fragmentos.** Usa las expresiones indefinidas y negativas de la lista para completar los fragmentos de conversación que oyes cuando estás de viaje en Guatemala.

MODELO  –¿Sabes <u>algo</u> de la civilización maya?
–No. No sé <u>nada</u> de ella.

tampoco  alguien
nunca jamás
nada  nadie
siempre  algo
nunca, jamás
cualquiera  o ... o
alguna vez
alguno  ni ... ni
ninguno

1. –_____ dejó su cámara en el autobús.
   –Será de Roberto. _____ anda dejando cosas por dondequiera.

2. –¿_____ has visitado _____ ruina maya?
   –No, _____ en mi vida.

3. –_____ he visto un ejemplo de la escritura maya.
   –Yo _____.

4. –No tengo _____ idea de dónde estamos.
   –Ay, pregúntale a _____.

5. –_____ vamos al museo _____ vamos a las ruinas.
   –No puedo ir _____ al museo, _____ a las ruinas. Tengo una cita.

**B** **Viaje a Guatemala.** Sara fue a Guatemala. ¿Qué dice que hizo? Sigue el modelo.

MODELO  yo / estar en Guatemala / visitar la zona arqueológica de Dos Pilas
**Cuando estaba en Guatemala, visité la zona arqueológica de Dos Pilas.**

1. yo / visitar las ruinas / comprar unos recuerdos de la civilización maya

   _____

2. yo / estudiar el Popol Vuh / entender por qué los mitos del pueblo quiché son tan fascinantes

   _____

   _____

3. yo / leer sobre las aventuras de Hunahpú e Ixbalanqué / ver la conexión entre los héroes mitológicos y los héroes de hoy

   _____

   _____

4. yo / estar en Guatemala / ir a Antigua

   _____

5. yo / estar en Antigua / comprar muchos regalos

   _____

Unidad 3, Lección 2

**C** **Rigoberta Menchú Tum.** Completa la historia de Rigoberta Menchú Tum, la mujer valiente que triunfó sobre las fuerzas crueles del destino. Usa el pretérito y el imperfecto, según el contexto.

1. _____ tiempos muy violentos cuando Rigoberta _____ en una aldea en el norte de Guatemala. *(ser, nacer)*

2. Desde muy niña _____ en la cosecha de algodón y café. *(trabajar)*

3. Luego ella _____ a la Ciudad de Guatemala donde todo los días _____ las tareas del servicio doméstico. *(viajar, cumplir)*

4. Rigoberta _____ el asesinato de su hermano de dieciséis años. *(presenciar)*

5. Su padre, Vicente Menchú, _____ a la crimen con una acción política. *(reaccionar)*

6. Él _____ a organizar a todos los vecinos. *(empezar)*

7. Mientras su padre _____, a Rigoberta se le _____ la conciencia social. *(organizar, desarrollar)*

8. Las autoridades _____ al padre de Rigoberta mientras _____ los campesinos en la Embajada de España en Guatemala. *(asesinar, protestar)*

9. Semanas después, la madre de Rigoberta también _____ en manera violenta. *(morir)*

10. Rigoberta _____ tomar el camino del exilio y de la lucha cívica. *(decidir)*

11. Ella _____ la justicia para los indígenas y mestizos pobres de Guatemala. *(buscar)*

12. Los que la _____ en aquellos días _____ su premio con ella. *(apoyar, festejar)*

13. Rigoberta _____ aunque la vida la _____ de destruir a cada momento. *(triunfar, tratar)*

Copyright © McDougal Littell, Inc.

Nombre _____  Fecha _____

# ¡Exprésate!

**D** **La imagen deportiva.** Lee este anuncio sobre la ropa deportiva.

## El ejercicio y los deportes

son parte básica de la vida escolar. Aquí hay algunas sugerencias para tu imagen deportiva. La rutina básica: unos pants, la sudadera, la chamarra, los tenis, una camiseta y los básicos shorts.

La comodidad es cualidad indispensable para deportes como el tenis, la gimnasia y los ejercicios aeróbicos. Un consejo: elige colores que te hagan ver muy bien pero que también puedan resistir el trabajo duro.

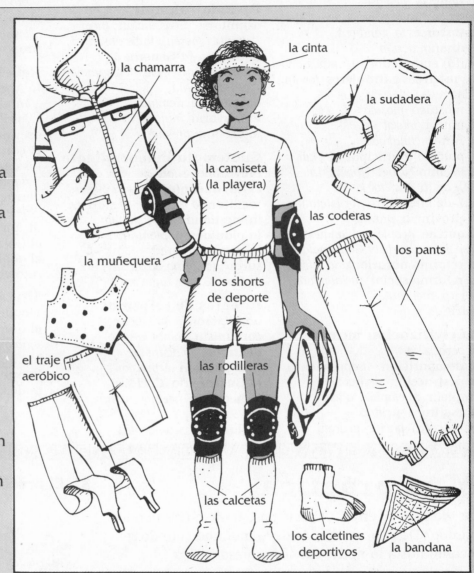

**E** **La ropa deportiva.** Según tu deporte favorito, varía el vestuario que necesites. Ahora que leíste el anuncio, escribe un párrafo describiendo la ropa que necesitas para participar en tu deporte favorito.

_____

_____

_____

# Vocabulario activo

## Gente
el (la) activista *activist*
la defensa *defense*
derrocar *to overthrow, demolish*
destacarse *to stand out*
el diseño *design*
el (la) embajador(a) *embassador*
los intereses extranjeros *foreign interests*
el mosaico *mosaic*
el mural *mural*
la niñez *childhood*
el palacio municipal *city hall*
el Premio Nóbel *Nobel Prize*
... de la Paz *for Peace*
... de Literatura *for Literature*
la provincia *province*
el quiché *people and language spoken in parts of Guatemala*
la reforma agraria *land reform*
la reforma social *social reform*
el rito *rite; ritual*
sufrir *to suffer*

## La civilización maya
el cero *zero*
la desaparición *disappearance*
la destrucción *destruction*
emplear *to employ; to use*
la escritura *writing*
pacífico(a) *pacific; peaceful*

la pirámide *pyramid*
el sistema *system*

## Período colonial
asimilarse *to assimilate, incorporate (oneself); to be absorbed*
la Capitanía General de Guatemala *General Captaincy of Guatemala*
dominante *dominant*
la mayoría *majority*
la presión *pressure*

## Guatemala independiente
breve *brief; short*
el (la) dueño(a) *master; owner*
facilitar *to facilitate; to make easy*
la inestabilidad *instability*
la plantación *plantation*
la pobreza *poverty*
surgir *to spring up, arise*
unirse *to join, unite oneself*

## Intentos de reformas
ambicioso(a) *ambitious*
comunista *communist*
distribuir *to distribute*
la expansión *expansion*
la Guerra Fría *Cold War*
la hectárea *hectare (approx. 2.5 acres)*
el (la) idealista *idealist*

modernizar *to modernize*
promulgar *to proclaim; to promulgate*
el (la) propietario(a) *land owner; landlord*
proponer *to propose, suggest*

## Rebeliones militares
la Agencia Central de Inteligencia (CIA) *Central Intelligence Agency (U.S.)*
asesinar *to assassinate*
el coronel *colonel*
los derechos humanos *human rights*
derrocado(a) *overthrown, defeated*
dirigir *to direct*
el (la) disidente *dissident*
el gobierno *government*
resolver *to resolve*

## Situación presente
bloquear *to block*
el nombramiento *appointment, nomination*
la oligarquía *oligarchy*
la opresión *oppression*
poderoso(a) *powerful*

# Más práctica

**La vida de Memo.** ¿Qué le pasó a Memo el sábado pasado? Describe su día, desde la mañana cuando se levantó hasta la noche cuando regresó a casa.

## 31. El pretérito y el imperfecto

**Nombre** _____  **Fecha** _____

# Conexiones

**A** **¡Vamos a México!** Arturo y sus padres van a México. Completa su parte de una conversación telefónica que tiene con un amigo días antes de irse. Usa **por** o **para**, según requiera la situación.

MODELO   Salimos __para__ la Ciudad de México este fin de semana.

1. Viajaremos _____ autobús.

2. Tengo que terminar todas las preparaciones _____ mañana.

3. Nos quedaremos _____ un mes.

4. Queremos pasear _____ todo el país.

5. Vamos _____ visitar a mis abuelos.

6. El viaje es un regalo _____ mis padres.

7. Cuando lleguemos, llamaremos _____ teléfono _____ decirles a mis abuelos que ya llegamos.

8. _____ mí, el viaje será un sueño.

**B** **Teotihuacán.** Teotihuacán tiene una historia fascinante. Completa la narración sobre esta civilización antigua usando las preposiciones **por** y **para**, según indique el contexto.

1. Los aztecas tenían mucho respeto _____ unas ruinas misteriosas y antiguas.

2. Las nombraron Teotihuacán, la Ciudad de los Dioses, _____ razones obvias.

3. No se sabe si los habitantes de la ciudad usaban ese nombre _____ su ciudad.

4. _____ muchos años, se sabía muy poco de esta civilización antigua.

5. Se hicieron nuevos estudios y excavaciones _____ descubrir más de esta misteriosa ciudad.

6. La ciudad fue dominada _____ templos y pirámides y acentuada _____ edificios de colores vibrantes.

7. Fue una gran metrópoli _____ más de quinientos años.

8. _____ apreciar su esplendor y magnitud, se tiene que subir a la Pirámide del Sol.

**¡A practicar!**

**C** **El Museo D.H. Young.** Melissa va al Museo D.H. Young a ver la exhibición sobre Teotihuacán. Completa la nota que le escribe a un amigo antes de irse. Usa las frases de la lista.

por más que   por supuesto   por eso
por ahora
por cierto   por último   por la tarde
por fin   por lo menos   por cierto

| Para: | Guillermo19 | Copias a: | Miguel16, Andrea14 |
| De: | Melissa87 | | |
| Tema: | Teotihuacán | Archivo: | |

Voy al Museo D.H. Young para ver la exhibición sobre Teotihuacán

_____. _____ prefiero leer sobre esta ciudad

misteriosa. _____ quiero acabar con este capítulo.

Hicieron nuevas excavaciones hace poco y _____

sabemos más que sabíamos antes. _____ los habitantes

de Teotihuacán fueron arquitectos sumamente ingeniosos. Estoy muy

emocionada. ¡_____ voy a ver algo de esa civilización

enigmática!

Fue una civilización muy desarrollada, pero _____

también fue muy violenta. _____ , los habitantes de

Teotihuacán destruyeron su propia creación. _____

querramos, nunca vamos a saber la historia completa de Teotihuacán.

Fue una civilización fascinante, ¡_____!

**Nombre** _____  **Fecha** _____

# ¡Exprésate!

**D** **Una cita.** ¿Qué haces para alistarte cuando vas a salir con tu novio o novia? Pon la letra correcta junto a su traducción.

_____ Te duchas o te bañas.

_____ Te cepillas los dientes.

_____ Te lavas el pelo.

_____ Te secas el pelo con la secadora.

_____ Te pones mousse.

_____ Te peinas o te cepillas el pelo.

_____ Te pruebas varias combinaciones de ropa.

_____ Escoges lo que te vas a poner (algo que te favorezca).

_____ Planchas la ropa si está arrugada.

_____ Te pintas la cara y las uñas.

_____ Te rasuras.

_____ Te pones perfume o colonia.

**a.** *You put on some mousse.*

**b.** *You dry your hair with a blowdryer.*

**c.** *You iron your clothes if they're wrinkled.*

**d.** *You shave.*

**e.** *You wash your hair.*

**f.** *You try on several combinations of clothing.*

**g.** *You brush your teeth.*

**h.** *You pick what you're going to wear (something that makes you look good).*

**i.** *You put on your makeup and paint your nails.*

**j.** *You put on perfume or cologne.*

**k.** *You shower or bathe.*

**l.** *You comb or brush your hair.*

**E** **¡Dios mío!** En una hoja aparte, describe tu rutina antes de salir con alguien que te guste. ¿Te das mucho tiempo para alistarte, o esperas hasta el último momento? ¿Te pruebas varias combinaciones o te pones lo que sea? ¿Te aseguras que está planchado lo que te vas a poner, o te lo pones arrugado?

Describe con mucho detalle las horas o la hora antes de tu cita.

**Unidad 3, Lección 3**

**Nombre** _____  **Fecha** _____

# Vocabulario activo

**La Ciudad de los Dioses** y
**La gran metrópoli
mesoamericana**
**alrededor (de)** *around*
**amplio(a)** *ample, extensive;
roomy*
**arqueológico(a)** *archaeological*
**brillante** *brilliant; shining*
**el (la) comerciante** *merchant;
trader*
**complejo(a)** *complex, intricate*
**de repente** *suddenly*
**desaparecer** *to disappear*

**la excavación** *excavation*
**fascinante** *fascinating*
**el (la) habitante** *inhabitant*
**magnífico(a)** *magnificent*
**la multitud** *multitude, crowd*
**prestigioso(a)** *prestigious*
**las ruinas** *(archaeological) ruins*
**sagrado(a)** *sacred, holy*
**situado(a)** *situated; located*

**La destrucción**
**abandonar** *to abandon*
**el ataque** *attack*
**el cataclismo social** *social
disaster*
**la élite** *elite*
**la existencia** *existence*
**la facción** *faction*
**el (la) gobernante** *governor*
**incendiar** *to burn; to set flame to*
**la metrópoli** *metropolis*
**quemar** *to burn*
**sangriento(a)** *bloody*

# Más práctica

**Raúl.** ¿Cuál es la rutina diaria de Raúl? ¿Cómo se compara a la tuya? ¿Crees que duerme suficiente o no? ¿Es un chico divertido o aburrido?

### 22. Los verbos reflexivos, la rutina diaria y la hora del día

# ¡DIME! Unidad 4, Lección 1

**Nombre** _____  **Fecha** _____

## Conexiones

**A** **Del pasado al presente.** ¿Qué sabes de la historia de Cuba? Completa las oraciones con el participio pasado del verbo entre paréntesis.

MODELO En los rostros y la cultura de los cubanos está **reflejada** la gran diversidad étnica y cultural de su gente. *(reflejar)*

1. Los que han _____ son las poblaciones de origen español y africano. *(sobresalir)*

2. Cuba estaba _____ por diversas tribus nativas como los taínos y los ciboneyes. *(habitar)*

3. Estos pueblos vivían en cabañas _____ con palmas. *(construir)*

4. Estas tribus nativas estaban _____ a la agricultura y a la pesca. *(dedicar)*

5. Cuba fue _____ por Cristóbal Colón. *(descubrir)*

6. El nombre de Cuba fue _____ de las palabras indígenas Coabí o Cubanacán. *(tomar)*

7. Los taínos y los ciboneyes fueron fácilmente _____. *(conquistar)*

8. En seis años, la mayoría de la población nativa fue _____. *(exterminar)*

9. Los esclavos fueron _____ en África, y luego importados a Cuba. *(capturar)*

10. Un movimiento guerrillero fue _____ por Fidel Castro en 1956. *(establecer)*

11. Las propiedades e inversiones privadas fueron _____ por el gobierno cubano. *(nacionalizar)*

12. Los emigrantes cubanos de 1980 son _____ como "marielitos". *(conocer)*

13. La cultura y la sociedad contemporáneas en Cuba han sido _____ por la Revolución Cubana. *(transformar)*

14. Cuba se ha _____ en un verdadero dilema. *(encontrar)*

Copyright © McDougal Littell, Inc.

Unidad 4, Lección 1

¡A practicar! 41

**B** **Cubanos famosos.** ¿Qué han hecho estos cubanos famosos? Escribe las oraciones usando el presente perfecto de indicativo. Sigue el modelo.

MODELO  Nicolás Guillén: inspirar a generaciones de poetas cubanos
**Ha inspirado a generaciones de poetas cubanos.**

1. Fidel Castro: ser un líder controvertido

_____

2. Fidel Castro: ver la caída de la Unión Soviética

_____

3. Nancy Morejón: hacer estudios de lengua y literatura francesa

_____

_____

4. Nancy Morejón: romper las tradiciones de la mujer cubana

_____

_____

5. Nancy Morejón: escribir varios libros de poesía

_____

_____

6. Wifredo Lam: resolver el conflicto entre lo español y lo afrocubano en sus pinturas

_____

_____

7. Wifredo Lam: abrir las puertas a los jóvenes afrocubanos interesados en el arte

_____

_____

**C** **José Martí.** Describe el efecto que tuvo José Martí sobre el mundo usando **se** + *verbo en tercera persona.*

MODELO  las obras de José Martí / conocer / mundialmente
**Las obras de José Martí se conocen mundialmente.**

1. José Martí / reconocer / como el héroe nacional / de la independencia de Cuba

_____

2. por todo el mundo / admirar / su talento literario / y / su dedicación a la acción política

_____

3. su poesía / considerar / la precursora / del modernismo

_____

4. escuchar / su poesía / hoy día / en universidades / y / en cafés

_____

5. sus ideas / todavía / encontrar / con interés / y / admiración

_____

6. sin duda / Martí / respetar / mundialmente / como un líder sin igual

_____

# ¡Exprésate!

**D** **El hogar.** ¿Puedes identificar todos los muebles? Trata de hacerlo.

**En la sala**

el sofá cama con cojines
la lámpara de pie
la lámpara de techo
el aire acondicionado
la calefacción
el sillón
el cuadro en la pared
la alfombra en el suelo

**En la recámara**

la lámpara de lectura
la mesita de noche
la sobrecama
las cortinas
las persianas
el tocador con espejo
la cómoda con cajones

**En la cocina**

los gabinetes
la estufa eléctrica
el congelador
los cubitos de hielo

**Los electrodomésticos**

el horno de microondas
el abrelatas eléctrico
el lavaplatos
la tostadora
el procesador de alimentos

**¡A practicar!**   43

# Vocabulario activo

## Gente

aclamado(a) *acclaimed*
afrocubano(a) *Afro-Cuban*
amnistiado(a) *given amnesty*
los antepasados *ancestors*
controvertido(a) *controversial*
la dictadura *dictatorship*
el (la) dirigente *leader, manager*
exuberante *exuberant*
fracasar *to fail*
el intento *attempt, intention*
mezclar *to mix*
reconocido(a) *known, recognized, familiar*
el ritmo *rhythm*
el trópico *the Tropics*

## Los primeros habitantes y El período colonial

la caña *sugar cane; reed, stock*
la colonización *colonization*
el cultivo *cultivation*
diverso(a) *diverse, different; varied*
enriquecerse *to get rich*
el (la) esclavo(a) *slave*
exterminado(a) *exterminated; killed*
el exterminio *extermination; eradication*

la isla *island*
el maltrato *ill treatment*
la mina *mine (mineral pit)*
la pesca *fishing*
el rostro *face*
el suicidio *suicide*
la tribu *tribe, clan*

## El proceso de independencia y La Guerra Hispano-Estadounidense

la armada *navy; fleet*
el buque *ship, boat*
consolidar *to consolidate*
estallar *to break out; to explode*
la explosión *explosion*
firmado(a) *signed*
inexplicable *unexplainable*
lograr *to achieve, obtain*
la ocupación *occupation; possession, occupancy*
el pretexto *pretext, excuse*
la victoria *victory*

## La revolución cubana

el bloqueo *blockade*
diplomático(a) *diplomatic*
escaso(a) *scarce, limited*
la experiencia *experience*
el (la) guerrillero(a) *guerrilla*
la inversión *investment; inversion*
el movimiento *movement*
nacionalizar *to nationalize*
provocar *to provoke, incite*
el rompimiento *breaking off*
soviético(a) *Soviet*

## Cubanos al exilio y Sociedad en crisis

el acuerdo *agreement, pact*
la clase acomodada *wealthy class*
la clase trabajadora *working class*
derrotado(a) *defeated*
el ejército *army*
el (la) emigrante *emigrant*
leal *loyal*
el misil *missile*
el primer ministro *Prime Minister*

# Más práctica

## 17. La casa y los muebles

**Tu casa.** ¿Cómo es tu casa? ¿Se parece a ésta? ¿O no? ¿Cómo es igual? ¿Cómo es diferente? ¿Cuántos pisos tiene tu casa? ¿Cuántas recámaras? ¿Dónde pasas la mayoría del tiempo? ¿Dónde estudias? Piensa también en la casa que quisieras tener algún día.

**Nombre** _____  **Fecha** _____

## Conexiones

**A** **Del pasado al presente.** Jorge, un estudiante norteamericano, acaba de leer la historia de la República Dominicana en la sección *Del pasado al presente.* Ha salido con varias opiniones. Completa sus oraciones con el presente de subjuntivo para saber lo que piensa.

MODELO   Es bueno que los dominicanos **mantengan** una identidad nacional fiel a su origen. *(mantener)*

1. Es malo que los dominicanos _____ las tradiciones de su cultura. *(perder)*

2. Es importante que los dominicanos _____ su lucha por la democracia. *(seguir)*

3. Es esencial que los dominicanos _____ elecciones libres. *(tener)*

4. Es necesario que los dominicanos _____ una estabilidad económica, social y política. *(establecer)*

5. Es interesante que _____ gran controversia sobre el triunfo de Balaguer en 1994. *(existir)*

6. Es natural que le _____ a la República Dominicana "la cuna de América". *(llamar)*

**B** **Juan Luis Guerra.** Acabas de leer la lectura sobre Juan Luis Guerra en tu texto. Ahora que lo conoces mejor, completa las oraciones usando el presente de subjuntivo para reflejar sobre su actitud hacia la vida.

MODELO   Juan Luis Guerra: querer que |/| la gente ayudar a los pobres
**Quiere que la gente ayude a los pobres.**

1. Juan Luis Guerra: aconsejar que |/| todos nosotros hacer nuestra parte para darle la mano al prójimo

_____

_____

2. Juan Luis Guerra: insistir en que |/| su privacidad no ser destrozada

_____

_____

3. Juan Luis Guerra: preferir que |/| la prensa dejarlo en paz

_____

_____

4. Juan Luis Guerra: desear que |/| su esposa decirle su opinión verdadera de su música

_____

_____

5. ser preferible que |/| Juan Luis quedarse en casa cuando salga el grupo de médicos al campo

_____

_____

6. los dominicanos: querer que |/| Juan Luis ser el embajador dominicano ante el mundo

_____

_____

¡A practicar!   **45**

**C** **Los consejos de Juan Marichal.** ¿Qué le dice Juan Marichal a su yerno José Rijo para inspirarlo?

MODELO   practicar todos los días   **Practica todos los días.**

1. hacer los ejercicios que te enseñé

   _____

2. correr tres millas por la mañana

   _____

3. no comer demasiado

   _____

4. levantar pesas

   _____

5. ir al gimnasio todos los días

   _____

6. tener mucha disciplina

   _____

7. acostarte temprano

   _____

8. conservar tu energía

   _____

**D** **José Rijo.** Ahora José le da los mismos consejos a alguien que no conoce muy bien. Escribe las mismas oraciones de la actividad C, pero esta vez usa la forma de **usted.**

MODELO   **Practique todos los días.**

1. _____

2. _____

3. _____

4. _____

5. _____

6. _____

7. _____

8. _____

# ¡DIME!
MUNDO 21

Nombre _____ Fecha _____

# ¡Exprésate!

## Los quehaceres domésticos

**① En la sala**

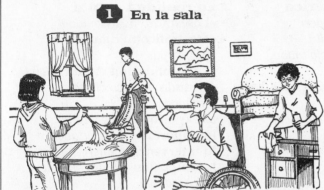

sacudir los muebles
aspirar las alfombras

cambiar las bombillas
sacarle brillo a los
    muebles

**② En la recámara**

recoger la ropa del piso
y colgarla
doblar y guardar la ropa

tender la cama
cambiar las sábanas

**③ En la oficina (o el despacho)**

ordenar los libros por
    categoría
archivar las cartas

organizar los papeles
hacer (o sacar) las
    cuentas

**④ Afuera**

cambiar el aceite
regar el césped con la
    manguera

recoger las hojas con el
    rastrillo
sacar el perro a pasear

**D  Por favor...** Ésta es la familia Rodríguez: Marcos (el papá), Carmela (la mamá), Joaquín (el hijo) y Sofía (la hija). ¿Qué le pidió el Sr. Rodríguez a sus hijos que hicieran? Y Carmela, ¿qué le pidió a su esposo que hiciera? Escribe por lo menos dos mandatos para cada escena.

MODELO  **Joaquín, hijo, por favor aspira la alfombra.**

**Escena 1**

1. _____

_____

2. _____

**Escena 2**

3. _____

_____

4. _____

**Escena 3**

5. _____

6. _____

**Escena 4**

7. _____

_____

8. _____

Unidad 4, Lección 2

¡A practicar!   **47**

# Vocabulario activo

## Gente

**el (la) adversario(a)** *adversary; opponent*

**el (la) animador(a)** *emcee, master of ceremonies; host, hostess*

**la biografía** *biography*

**carismático(a)** *charismatic*

**el derecho** *law; right*

**desempeñar** *to fulfill, carry out*

**el ejercicio físico** *physical exercise*

**la fama** *reputation; fame*

**el (la) jugador(a) más valioso(a)** *Most Valuable Player*

**el (la) lanzador(a)** *pitcher (baseball)*

**el (la) mellizo(a)** *twin (brother, sister)*

**la oposición** *opposition*

**el (la) pelotero(a)** *ball player*

**el programa de variedades** *variety show*

**reelegido(a)** *re-elected*

**la Serie Mundial** *World Series (baseball)*

**el yerno** *son-in-law*

## Capital del imperio español en América

**el bucanero** *buccaneer*

**el cabildo** *town hall*

**la explotación** *exploitation*

**forzado(a)** *forced*

**fundado(a)** *founded; established*

**gótico(a)** *Gothic*

**marítimo(a)** *maritime; sea, marine, nautical*

**el monumento** *monument*

**el pirata** *pirate*

**los restos** *remains*

## La independencia

**alternar** *to alternate*

**la anexión** *annexation*

**el (la) colaborador(a)** *collaborator*

**corrupto(a)** *corrupt*

**dominar** *to dominate, master*

**proclamar** *to proclaim, declare*

**quedar** *to remain*

## La dictadura de Trujillo y La realidad actual

**el asesinato** *assassination*

**catastrófico(a)** *catastrophic; disastrous*

**la consolidación** *consolidation*

**el estado caótico** *chaotic state (of affairs)*

**la exportación** *exportation*

**la importación** *importation*

**la intervención** *intervention*

**la ocupación militar** *military occupation*

# Más práctica

**Puerto Dorado.** Tú vives en Puerto Dorado. Tus padres han venido a visitarte. Se están quedando en el Hotel Caribe. Tienen boletos para un partido de fútbol en el Estadio y para un espectáculo de variedades en el Teatro. También tienen reservaciones en el mejor restaurante del pueblo, el Restaurante El Mirador. Dales direcciones del Hotel Caribe a esos tres lugares.

## 14. Lugares comunes

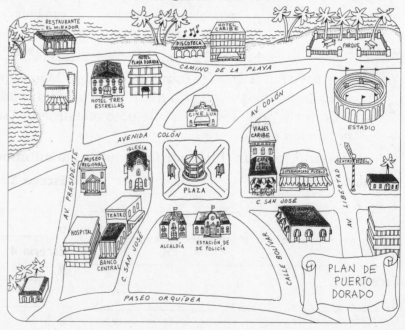

**Nombre** _____  **Fecha** _____

# Conexiones

**A**  **Bob Vila.** ¿Qué les recomienda Bob Vila a estas personas puertorriqueñas en caso de un huracán?

MODELO  sugerir: llenar la tina (*bathtub*) con agua limpia
**Les sugiero que llenen la tina con agua limpia.**

1. sugerir: congelar botellas de agua

_____

2. recomendar: comprar mucha comida de lata

_____

3. recomendar: poner cinta adhesiva protectora en las ventanas

_____

4. aconsejar: meter el carro al garaje

_____

5. aconsejar: no salir afuera durante el huracán

_____

6. sugerir: no dejar los muebles de patio afuera

_____

**B**  **Las alternativas políticas de Puerto Rico.** Después de leer la *Ventana al Mundo 21* sobre las alternativas políticas de Puerto Rico, José Ángel formó algunas opiniones. ¿Qué opina?

MODELO  no creer que / Puerto Rico / votar para la estadidad nunca
**No creo que Puerto Rico vote para la estadidad nunca.**

1. dudar que / Puerto Rico / alcanzar la independencia en esta década

_____

_____

2. no estar seguro de que / los argumentos contra la estadidad / ser convincentes

_____

_____

3. no pensar que / convenirles a los puertorriqueños / tener que pagar impuestos federales

_____

_____

4. no ser evidente que / Puerto Rico / querer hacerse el estado cincuenta y uno de EE.UU.

_____

_____

_____

5. no ser seguro que / el congreso norteamericano / garantizar a Puerto Rico la preservación de sus tradiciones y su idioma

_____

_____

**C** **Del pasado al presente.** Después de leer la sección *Del pasado al presente*, Soraya decide escribir sus pensamientos sobre Puerto Rico. ¿Qué escribe?

MODELO   ser estupendo que / Puerto Rico / tener dos lenguas oficiales
**Es estupendo que Puerto Rico tenga dos lenguas oficiales.**

1. ser increíble que / no necesitarse pasaporte / para viajar a Puerto Rico

_____

2. ser curioso que / gobernador de Puerto Rico / estar en favor de la estadidad

_____

3. ser natural que / puertorriqueños / no querer perder su idioma y sus tradiciones

_____

4. ser normal que / emigración a EE.UU. / aumentar durante tiempos económicamente difíciles

_____

_____

5. ser sorprendente que / isla estar tan dividida / entre la estadidad y el Estado Libre Asociado

_____

6. ser bueno que / industrialización de Puerto Rico / incluir la industria electrónica

_____

7. ser una lástima que / puertorriqueños / no poder votar en las elecciones para presidente de EE.UU.

_____

8. ser bueno que / isla / haberse convertido en un verdadero "Puerto Rico"

_____

Nombre _____    Fecha _____

# ¡Exprésate!

**D**  **La barbacoa.** Van a tener una barbacoa en casa y tu mamá te da una lista de cosas que le faltan todavía. ¿Puedes ponerle la etiqueta correcta a cada cosa? Para las especias y los condimentos, pon la letra correcta junto a la palabra en español.

**Lácteos**
la leche
la mantequilla
el queso
el yogur de fresa

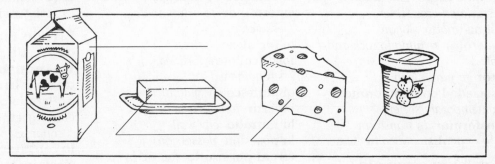

**Frutas**
los duraznos
las fresas
los limones
las peras
la piña
los plátanos
la sandía
las toronjas
las uvas

**Legumbres/ Vegetales**
el apio
los elotes
los espárragos
el bróculi
el coliflor
los champiñones
la lechuga
los pepinos
las zanahorias

## Las especias y los condimentos

| | | | |
|---|---|---|---|
| ____ el aceite | ____ la mostaza | **a.** *oregano* | **g.** *onions* |
| ____ el ajo | ____ el orégano | **b.** *parsley* | **h.** *cilantro* |
| ____ el azúcar | ____ el perejil | **c.** *sugar* | **i.** *salt* |
| ____ las cebollas | ____ la pimienta | **d.** *mayonnaise* | **j.** *mustard* |
| ____ el cilantro | ____ la sal | **e.** *garlic* | **k.** *hot salsa* |
| ____ la mayonesa | ____ la salsa picante | **f.** *pepper* | **l.** *oil* |

**¡A practicar!**  **51**

# Vocabulario activo

**Gente**
entrar en vigor *to take effect*
el escenario *stage; scenery*
el Estado Libre Asociado
*Associated Free State*
el lema *motto; slogan*
roquero(a) *relating to rock-and-roll*
saltar *to jump, leap*
la sociedad contemporánea
*contemporary society*
transformar *to transform*
el (la) vocalista *vocalist, singer*

**La colonia española** y
**Los taínos y los esclavos africanos**
el bastión militar *military bastion*
Borinquen *original name of Puerto Rico*
el colono *colonist, settler*
convertir *to convert, turn into; to change*

la denominación *denomination, title*
despoblar *to depopulate*
estratégico(a) *strategic*
exterminar *to exterminate, eradicate*
la fortaleza *fortress*
fortificado(a) *fortified; strengthened*
gigantesco(a) *gigantic*
invertir *to invert; to invest*
la muralla *city wall*
la posesión *possession*
tomar por asalto *to take by assault*

**La Guerra Hispano-Estadounidense de 1898** y
**La caña de azúcar**
la autonomía *autonomy, self-determination*
la caña de azúcar *sugar cane*
la depresión *depression*
la fuerza laboral *work force*

intacto(a) *intact*
la minoría *minority*
permanecer *to remain, stay*
la presencia *presence*
la resistencia *resistance*

**Estado Libre Asociado de EE.UU.** y
**La industrialización de la isla**
acelerado(a) *accelerated, sped up*
el congreso federal *national congress*
la constitución *constitution*
electrónico(a) *electronic*
farmacéutico(a) *pharmaceutical*
garantizar *to guarantee*
el impuesto *tax*
inmenso(a) *immense*
petroquímico(a) *petrochemical*
el proceso *process*
textil *textile*

# Más práctica

## 18. La comida y el supermercado

**El supermercado "El Mejor".** Estás en el supermercado "El Mejor". ¿Qué necesitas? ¿Qué compras? ¿Quién va al supermercado en tu casa? Esta semana lo tienes que hacer tú. Haz una lista de todas las cosas que tienes que comprar.

**Nombre** _____ **Fecha** _____

# Conexiones

**A** **Gente del Mundo 21.** Combina las dos oraciones usando **quien** o **que** para saber más de los salvadoreños estelares presentados en la sección *Gente del Mundo 21*.

MODELO Óscar Arnulfo Romero fue asesinado en 1980. Defendió a los pobres y denunció la violencia.

**Óscar Arnulfo Romero, quien (que) defendió a los pobres y denunció la violencia, fue asesinado en 1980.**

1. Manlio Argueta nació en 1936. Fue galardonado con el Premio Nacional de Novela.

_____

2. Argueta ganó el Premio por *Un día en la vida*. Esta novela ha sido traducida a varias lenguas.

_____

3. Claribel Alegría se considera salvadoreña. Esta escritora nació en Nicaragua.

_____

4. Su último libro es un libro de poemas y narraciones. Se titula *Luisa en el país de la realidad*.

_____

**B** **Del pasado al presente.** ¿Qué aprendiste sobre la historia de El Salvador? Completa las oraciones con las formas apropiadas de **el cual** o **el que**.

1. El país está acostumbrado a los temblores de la tierra, _____ ocurren con frecuencia.

2. Entre los veinte o más volcanes en El Salvador, el Izalco es _____ llaman "el faro del Pacífico".

3. Es _____ siempre está encendido como una lámpara a medianoche.

4. El cacao, _____ es uno de los principales cultivos durante la época colonial, pronto se convierte en un producto muy apreciado.

5. La masacre, en _____ murieron 30.000 personas, fue culpa de un golpe militar.

6. Por muchos años, El Salvador sufrió una guerra civil, _____ causó más de 80.000 muertos.

7. De todos los países de Centroamérica, El Salvador es _____ ha tenido más violencia.

**C** **Isaías Mata.** Completa las oraciones sobre el artista salvadoreño Isaías Mata con **lo que** o **lo cual**.

1. _____ más le gusta a la gente de la pintura *Cipotes en la marcha por la paz* es su optimismo.

2. En la pintura hay mucho color, _____ significa un futuro mejor para las nuevas generaciones.

3. Isaías fue detenido por el ejército, _____ lo hizo temer por su vida.

4. Se vio obligado a salir de su patria, _____ lo llevó a San Francisco.

5. _____ lo atrajo a San Francisco fue el barrio latino donde todavía residen miles de salvadoreños.

6. _____ quieren los artistas e intelectuales salvadoreños es la paz eterna.

**D** **Salvadoreños importantes.** Escribe una oración sobre cada salvadoreño o grupo de salvadoreños usando los elementos a continuación y la forma apropiada de **cuyo**.

MODELO    José Napoleón Duarte: político / exilio duró siete años
**José Napoleón Duarte es el político cuyo exilio duró siete años.**

1. Óscar Arnulfo Romero: arzobispo / asesinato horrorizó al mundo

_____

2. Manlio Argueta: escritor / novela fue premiada con el Premio Nacional de Novela

_____

3. Claribel Alegría: autora / esposo es Darwin J. Flakoll

_____

4. Los pipiles: indígenas / territorio fue Cuzcatlán

_____

5. Alfredo Cristiani: presidente / firma está en los acuerdos de paz de 1992

_____

**E** **Los perros mágicos de los volcanes.** Patricio es muy escéptico y después de leer el cuento de los cadejos, le pregunta a su abuela si existen ciertas cosas o personas. ¿Qué le pregunta a su abuela?

MODELO   perros mágicos (llamarse cadejos)
**¿Existen perros mágicos que se llamen cadejos?**

1. perros (parecerse a lobos)

   _____

2. gente (querer mucho a los cadejos)

   _____

3. cadejos (ser tataranietos de los volcanes)

   _____

4. cadejos (siempre acompañar a la gente de un pueblo a otro)

   _____

5. cadejos (convertirse en soplos de viento)

   _____

6. cadejos (transportar a los ancianos a la sombra de un árbol cercano)

   _____

7. hombres malos (no querer a los cadejos)

   _____

8. volcanes (poder dar consejos)

   _____

9. soldados (tener el corazón y el cerebro de plomo)

   _____

10. un volcán (llevar un vestido de agua)

   _____

11. un volcán (tener un sombrero de fumarolas)

   _____

# ¡Exprésate!

## La naturaleza

los glaciares

la selva tropical

la flora y fauna

el valle

la cordillera

las montañas

los lagos

los bosques

los mares

los ríos

los mares

el desierto

los recursos naturales
*natural resources*

los animales en peligro de
extinción *endangered
species*

las costas *coasts*

las tierras pantanosas
*wetlands*

los hábitats
marinos

las playas

**Nombre** _____     **Fecha** _____

**F**  **Ecólogo(a).** Eres un(a) ecólogo(a). De todos los recursos naturales, ¿cuáles crees que son los más importantes para la supervivencia de los seres humanos? Explica por qué.

EJEMPLO  **Creo que los mares, ríos y lagos son los recursos naturales más importantes para proteger. Sin agua limpia, no podríamos …**

_____

_____

_____

_____

_____

_____

_____

_____

_____

_____

**G**  **El medio ambiente.** Escoge un país latinoamericano que lucha para proteger su medio ambiente. Usa el Internet o la biblioteca para investigar cuáles son sus recursos naturales, cuáles de sus especies están en peligro de extinción y qué están haciendo para preservar el futuro de su medio ambiente. ¿Cómo se comparan sus acciones con las acciones de tu ciudad, tu país, o tu colegio? ¿Crees que están haciendo todo lo posible? Si no, ¿qué sugieres que hagan? Piénsalo bien antes de empezar tu ensayo.

_____

_____

_____

_____

_____

_____

_____

_____

# Vocabulario activo

## Gente

el arzobispo  *archbishop*
asesinado(a)  *assassinated*
distinguido(a)  *distinguished*
fraudulento(a)  *fraudulent, phony*
infantil  *children's*

## El Salvador

el subdesarrollo  *underdevelopment*
el temblor de tierra  *earthquake*
la violencia  *violence*
el volcán  *volcano*

## Los primeros habitantes y La colonia

apreciado(a)  *appreciated*
el cacao  *cacao*
incorporado(a)  *incorporated*
obligar  *to oblige, force, compel*

## La independencia y La república salvadoreña

el (la) derechista  *rightist, right-winger*
disuelto(a)  *dissolved, destroyed, broken-up*
ejecutado(a)  *executed*
floreciente  *prosperous, flourishing*
el (la) izquierdista  *leftist, left-winger*
la paz  *peace*
la ruptura  *rupture, break*
trasladarse  *to move, change residence*

## La guerra civil

incrementar  *to increase, augment, intensify*
el terremoto  *earthquake*

# Más práctica

**Sudamérica.** ¿Cuáles montañas separan Chile y la Argentina? ¿Cuáles ciudades están en la costa? ¿Cómo se llaman los ríos principales de Sudamérica? ¿Cuál país tiene costa en dos océanos?

¿Dónde hay selvas tropicales en Sudamérica? ¿Qué sabes de la selva amazónica? Investiga lo que están haciendo los países de Sudamérica para proteger el medio ambiente y comparte tus descubrimientos con la clase.

### 7. & 8. Sudamérica

La América del Sur

**Nombre** _____   **Fecha** _____

# Conexiones

**A**  **Viaje a Honduras.** Tu hermano(a) mayor quiere viajar a Honduras durante las vacaciones de verano. ¿Qué le dices?

MODELO   sí, voy contigo: con tal de que / quedarnos en Tegucigalpa
**Sí, voy contigo a Honduras con tal de que nos quedemos en Tegucigalpa.**

1. sí, voy contigo: con tal de que / visitar las ruinas de Copán

_____

2. podemos ir en agosto: a menos de que / no poder conseguir boletos

_____

3. debemos comprar los boletos: antes de que / subir los precios

_____

4. debemos planear el viaje: antes de que / cambiar de opinión

_____

5. debemos hablar con una agencia de viajes: para que / ayudarnos con nuestros planes

_____

6. debemos hablar con nuestros padres: para que / prestarnos dinero para el viaje

_____

**B**  **Pensamientos.** Ya que tus padres les dieron dinero y permiso a ir a Honduras, tu hermano(a) está pensando en el viaje. ¿Qué te dice? Pon la palabra o frase correcta en el espacio en blanco para saberlo.

> **como**   **porque**   **puesto que**   **ya que**
> **con tal de que**   **a menos de que**

1. _____ te interesan las ruinas mayas, debemos pasar mucho tiempo en las ruinas de Copán.

2. _____ vamos a estar en Honduras por un mes, debemos tener suficiente tiempo para verlo todo.

3. Nos vamos a quedar por un mes, _____ se nos acabe el dinero.

4. No me da miedo viajar en Honduras _____ es un país muy estable.

5. _____ Copán está tan cerca de Guatemala, podemos conocer ese país también.

6. Podemos visitar Guatemala _____ nos quede tiempo.

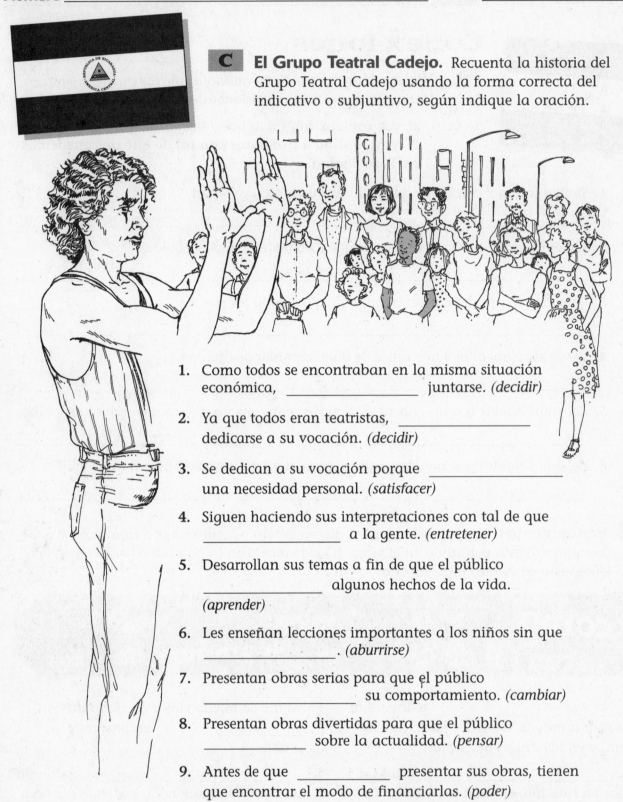

**C** **El Grupo Teatral Cadejo.** Recuenta la historia del Grupo Teatral Cadejo usando la forma correcta del indicativo o subjuntivo, según indique la oración.

1. Como todos se encontraban en la misma situación económica, _____ juntarse. *(decidir)*

2. Ya que todos eran teatristas, _____ dedicarse a su vocación. *(decidir)*

3. Se dedican a su vocación porque _____ una necesidad personal. *(satisfacer)*

4. Siguen haciendo sus interpretaciones con tal de que _____ a la gente. *(entretener)*

5. Desarrollan sus temas a fin de que el público _____ algunos hechos de la vida. *(aprender)*

6. Les enseñan lecciones importantes a los niños sin que _____. *(aburrirse)*

7. Presentan obras serias para que el público _____ su comportamiento. *(cambiar)*

8. Presentan obras divertidas para que el público _____ sobre la actualidad. *(pensar)*

9. Antes de que _____ presentar sus obras, tienen que encontrar el modo de financiarlas. *(poder)*

10. Puesto que _____ un presupuesto mínimo, presentan sus obras en escuelas secundarias. *(tener)*

**Nombre** _____ **Fecha** _____

# ¡Exprésate!

**PROBLEMAS ECOLÓGICOS**
la contaminación del aire
la contaminación de los mares, ríos, lagos
la contaminación de ruido
la deforestación
los derrames de petróleo
el desperdicio del agua
la destrucción de la capa de ozono
la extinción de ciertas especies de animales
las sequías
las inundaciones

**Posibles soluciones**
compartir el carro con amigos y colegas
conservar los recursos naturales
declarar zonas de reserva ecológicas
dejar de talar árboles
desarrollar otras formas de energía
educar al público
instituir programas de reciclaje
limitar el uso de aerosoles
prohibir el uso de contaminantes
usar carros eléctricos
usar el transporte público

**D** **Presidente.** Quieres ser presidente del país. Tienes que escribir tus opiniones sobre el medio ambiente porque vas a dar un discurso por la tele días antes de las elecciones. ¿Qué escribes? Sé creativo(a). No tienes que seguir el modelo si encuentras formas más originales para describir tus posiciones.

EJEMPLO   Debemos declarar zonas de reserva ecológicas para proteger a las especies en peligro de extinción.

_____

_____

_____

_____

_____

_____

_____

_____

_____

# Vocabulario activo

**Gente**

**asumir** *to assume (responsibilities, command)*
**la austeridad** *austerity*
**el cacique** *tribe chieftain*
**disparar** *to shoot, fire*
**la economía agrícola** *agricultural economy*
**estabilizar** *to stabilize*
**la junta** *council, board*
**la moneda** *coin, currency, money*
**la planificación** *planning*
**triunfar** *to triumph; to win; to be successful*

**Honduras: Los orígenes** y **La independencia**

**la canoa** *canoe*
**independizarse** *to become independent, self governing; to win freedom*
**restaurar** *to restore*
**rivalizar** *to rival, compete*

**Siglo XX**

**beneficiar** *to benefit, profit, help*
**desgraciadamente** *unfortunately*
**el (la) ganadero(a)** *cattle dealer; cattle breeder*
**la riqueza comercial** *commercial wealth*

**Nicaragua: Los orígenes, La colonia** y **La independencia**

**el abuso** *abuse*
**aniquilado(a)** *annihilated, wiped out*
**el (la) aventurero(a)** *adventurer*
**mulato(a)** *of mixed blood (African and European)*
**zambo(a)** *of mixed blood (African and Native American)*

**La intervención estadounidense y los Somoza** y **Revolución sandinista**

**deponer** *to depose, deprive of office*
**destrozar** *to destroy*
**la propiedad** *property*
**proteger** *to protect*
**la renuncia** *resignation; renunciation*
**retirar** *to withdraw, remove*
**unir** *to unite, bring together*
**victorioso(a)** *victorious, successful*

**Difícil proceso de reconciliación**

**acusar** *to accuse*
**deteriorar** *to deteriorate, worsen*
**gravemente** *seriously, gravely*

# Más práctica

**3. & 4. México**

**México y la protección del ambiente.** Investiga los problemas ambientales de México. También investiga qué soluciones están proponiendo los habitantes de la Ciudad de México para reducir la contaminación y proteger sus recursos naturales.

 **Unidad 5, Lección 3** 〰〰〰〰〰

**Nombre** _____  **Fecha** _____

**Unidad 5, Lección 3** *(lateral)*

# Conexiones

**A** **Juan y Alma.** Juan ya hizo las cosas que Alma tiene planes de hacer. ¿Qué dice cada uno? Juan describe su acción en el pasado mientras que Alma especula sobre el futuro. Sigue el modelo.

MODELO ir a Costa Rica → cambiar mi actitud hacia la preservación ecológica
*Juan:* **Después de que fui a Costa Rica, cambié mi actitud hacia la preservación ecológica.**
*Alma:* **Después de que vaya a Costa Rica, quizás cambiaré mi actitud hacia la preservación ecológica.**

1. llegar a San Jose → registrarme en el hotel VistaVerde

   *Juan:* _____

   *Alma:* _____

2. comprar algunos regalos → irme a descansar

   *Juan:* _____

   *Alma:* _____

3. comer → sentirme satisfecho

   *Juan:* _____

   *Alma:* _____

4. escribir diez tarjetas postales → salir a dar un paseo

   *Juan:* _____

   *Alma:* _____

**B** **Costa Rica.** ¿Qué sabes de Costa Rica? Decide si la frase que introduce la palabra **aunque** requiere el indicativo o el subjuntivo.

1. Aunque Costa Rica no _____ ejército, sí tiene guardia civil. *(tener)*

2. Aunque Costa Rica _____ todos sus fondos en la educación, todavía tendrán que luchar contra el analfabetismo. *(poner)*

3. Aunque Costa Rica _____ mucho mas pequeña que Estados Unidos, tiene más especies de pájaros. *(ser)*

4. Aunque nosotros _____ medidas ecológicas, seguirá el peligro de la contaminación mundial. *(tomar)*

5. Aunque nosotros _____ los refugios de fauna, seguirá el peligro de extinción de varias especies. *(proteger)*

6. Aunque los parques nacionales _____ localizados en lugares de difícil acceso, son una gran atracción turística. *(estar)*

Copyright © McDougal Littell, Inc.

**¡A practicar!** **63**

**C** **Los parques ecológicos.** La madre de Luis le está platicando sobre su visita a un parque nacional de Costa Rica. ¿Qué le dice? Completa su monólogo con la forma apropiada de los verbos entre paréntesis.

En los parques nacionales no puedes comportarte como (1)_____ *(querer: tú)*. Tienes que seguir las instrucciones del guía. Tienes que tirar la basura donde te (2)_____ *(indicar: ellos)*; tienes que respetar las plantas y los animales. No puedes quedarte según te (3)_____ *(convenir)*. Hay horas específicas para los turistas. Te puedes quedar sólo hasta que te (4)_____ *(indicar: ellos)*. Mientras que tú nos (5)_____ *(esperar)* en el carro, nosotros pasaremos por las oficinas del Servicio de Parques Nacionales. Tan pronto como (6)_____ *(obtener)* la información necesaria, nos iremos al parque que más te guste.

Hoy día existen dieciséis parques nacionales. Aunque el país (7)_____ *(ser)* muy pequeño, tiene una gran diversidad de especies de plantas y animales. Cuando (8)_____ *(venir: nosotros)* hace años, no había un sistema de parques nacionales. En 1970, cuando Costa Rica (9)_____ *(darse cuenta)* que amenazaba a sus reservas biológicas, inició un programa gubernamental para salvarlas. En cuanto (10)_____ *(establecerse)* el programa, todo empezó a cambiar.

Cuando (11)_____ *(ver: tú)* las mariposas de hermosos colores y los quetzales, ¡te vas a divertir mucho! Te lo prometo.

# ¡Exprésate!

## El programa de reciclaje

**D** **Vamos a hacer nuestra parte.** Estás a cargo del programa de reciclaje en tu colegio. ¿Cómo coordinas el programa? ¿Qué haces primero? ¿Qué clase de carteles haces para convencer a todo mundo que te ayude? Haz un cartel para poner en el pasillo de tu colegio. Crea un lema fuerte y dibuja lo que quieras.

# Vocabulario activo

**Gente**
**acomodado(a)** *rich, well-to-do*
**el acuerdo de paz** *peace agreement*
**la anulación** *annulment, nullification*
**culminar** *to culminate*
**disolver** *to dissolve; to break up*
**encabezar** *to head, lead*
**irreverente** *irreverent*
**la negociación** *negotiation*
**ocultar** *to hide*
**posteriormente** *afterwards, subsequently, later on*

**Los orígenes** y
**La independencia**
**la abundancia** *abundance, plenty, great quantity*
**aumentar** *to augment, increase*
**la desigualdad** *inequality*
**enterrado(a)** *buried*
**la erupción** *eruption*
**explotar** *to expoit, plunder*
**la meseta** *plateau, tableland*
**la plantación bananera** *banana plantation*
**la subsistencia** *subsistence*

**Siglo XX**
**anular** *to annul, nullify*
**autoritario(a)** *authoritarian*
**beneficioso(a)** *beneficial*
**la marginación** *marginalization, exclusion*
**el monopolio** *monopoly*
**el presupuesto** *budget*

# Más práctica

## 5. & 6. Centroamérica y el Caribe

**Costa Rica.** Costa Rica es un país lleno de riquezas naturales. Haz una investigación sobre alguna de ellas: algún pájaro, como el quetzal, alguna flor, como la orquídea o algún insecto, como las mariposas. Comparte tu información con la clase. ¿Puedes explicar por qué Costa Rica tiene una gran diversidad de especies de plantas y animales?

La América Central y las Antillas

**Nombre** _____ **Fecha** _____

## Conexiones

**A** **Un día de estos.** ¿Qué pasará en el cuento *Un día de estos* de Gabriel García Márquez? ¿Puedes predecirlo? Re-escribe el cuento con el futuro de los verbos indicados. (Si el sujeto está entre paréntesis, no hace falta repetirlo.)

MODELO    alcalde / aparecer / en el umbral
**El alcalde aparecerá en el umbral.**

1. (alcalde) / haberse afeitado / la mejilla izquierda

_____

2. dentista / ver en sus ojos / mucha desesperación

_____

3. (dentista) / cerrar la gaveta / con la punta / de los dedos

_____

4. alcalde / apoyar la cabeza / en el cabezal / de la silla

_____

5. (alcalde) / decirle al dentista / que / tener que ser / sin anestesia

_____

6. dentista / apretar la muela / con el gatillo caliente

_____

7. alcalde / sentir un crujido de huesos / en la mandíbula

_____

8. sus ojos / llenarse / de lágrimas

9. (alcalde) / secarse / las lágrimas

_____

10. (alcalde) / ponerse de pie

_____

11. (alcalde) / despedirse / con un saludo militar

_____

12. (alcalde) / cerrar la puerta / y / irse

_____

**B** **Gabriel García Márquez.** Eres narrador(a) de un documental sobre la vida de Gabriel García Márquez. Escribe la narración usando el futuro.

MODELO   nacer en Aracataca el 6 de marzo de 1928
**Nacerá en Aracataca el 6 de marzo de 1928.**

1. cursar estudios de derecho y periodismo en Bogotá y Cartagena de Indias

_____

2. crear Macondo, un pueblo imaginario, en su primera novela *La hojarasca*

_____

3. conseguir la fama con la novela *Cien años de soledad*

_____

4. en esa novela, culminar la historia del pueblo de Macondo y la familia Buendía

_____

5. recibir el Premio Nóbel de Literatura en 1982

_____

6. en 1992, escribir *Doce cuentos peregrinos*

_____

**C** **Una visita al dentista.** ¡Vas a ir al dentista! ¿Qué crees que te va a pasar allí?

MODELO   dentista: sacarme rayos equis
**El dentista me sacará rayos equis.**

1. dentista: sacarme un diente _____

2. dentista: rellenarme una muela _____

3. dentista: limpiarme los dientes _____

4. yo: tener un dolor de muela _____

5. yo: tener un absceso _____

6. yo: insistir en la anestesia _____

7. yo: temer la fresa _____

8. yo: hacer buches de agua _____

**D** **Teatro para ser leído.** Eres el (la) director(a) de una obra de teatro. Les estás contando a los actores qué van a hacer durante sus escenas. ¿Qué les dices?

MODELO   Marisela va a girar a la derecha.
**Marisela girará a la derecha.**

1. Juan y Diego van a girar a la izquierda.

   _____

2. Todos nosotros vamos a dar media vuelta.

   _____

3. Tú te vas a quejar y luego vas a temblar.

   _____

4. Todos se van a poner de pie.

   _____

5. Armando va a fingir operar la fresa.

   _____

6. Arnulfo va a cambiar de expresión.

   _____

7. Arnulfo va a afirmar los talones y va a abrir la boca.

   _____

8. Armando va a sacarle la muela.

   _____

9. Arnulfo va a llorar de dolor.

   _____

10. Arnulfo le va a dar un saludo militar.

   _____

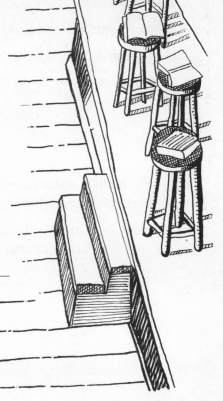

# ¡Exprésate!

**El Ciberespacio** *Cyberspace*

**el buzón electrónico** *electronic mailbox*

**el concurso electrónico** *electronic contest*

**conectarse/desconectarse del Internet** *to connect or disconnect from the Internet*

**la edición electrónica** *electronic edition*

**en línea** *online*

**los foros de discusión** *discussion forums*

**interactivo** *interactive*

**la página inicial** *home page*

**los periódicos y las revistas electrónicos** *electronic newspapers and magazines*

**el programa de búsquedas** *search engine software*

**la Red Mundial de Computadoras** *World Wide Web*

**E**   **Periódico estudiantil electrónico.** Tú y varios amigos han decidido crear un periódico estudiantil electrónico. Primero decidan cuáles departamentos van a ofrecer.

MODELO   **Un foro de discusión sobre los partidos deportivos del colegio.**
**Un concurso electrónico sobre los temas de la clase de historia.**

1. _____

2. _____

3. _____

4. _____

5. _____

**Nombre** _____ **Fecha** _____

**F** **La página inicial.** Ahora que ya saben cuáles departamentos van a ofrecer, tienen que diseñar la página inicial. Deben incluir el título del periódico. Todos los departamentos tienen que tener un dibujo y una explicación de lo que pasará si pulsas ese botón. Recuerda que el dibujo debe reflejar el contenido del departamento: por ejemplo, si se trata de deportes, el dibujo debe ser una imagen deportiva.

**www.Mundo21.edu**

http://www.mundo21.edu/per.est.htm

## El periódico estudiantil

**Pulse aquí**

**Pulse aquí**

**Pulse aquí**

**Pulse aquí**

**Pulse aquí**

# Vocabulario activo

**Gente**

la **aprobación** *approval*
el **bronce** *bronze*
**creciente** *growing, increasing*
**enorme** *enormous*
el (la) **escultor(a)** *sculptor*
**exagerar** *to exaggerate*
el (la) **grabador(a)** *engraver*
**imaginario(a)** *imaginary*
los **muebles** *furniture*
**residir** *to reside; to live in a place*
la **sátira** *satire*
la **superficie** *surface*
el **volumen** *volume*

**Culturas precolombinas**
hasta **El proceso de independencia**

la **audiencia** *district under a court's jurisdiction*
el **barco** *boat*
**depender** *to depend*
el **desacuerdo** *disagreement*
**disminuir** *to diminish, reduce, lessen, decrease*
el **mestizaje** *cross-breeding*
**motivar** *to motivate, cause*
**renunciar** *to resign, renounce*
**sumergirse** *to plunge, dive*
**vencido(a)** *defeated*
el **virrey** *viceroy*

**Luchas entre conservadores y liberales y La violencia**

**efectuarse** *to take place, be carried out*
**exhausto(a)** *exhausted*
el **istmo** *isthmus*
la **ola** *wave*
la **prosperidad** *prosperity*

**La década de 1990**

**aliado(a)** *allied*
**atacado(a)** *attacked*
**fugitivo(a)** *fugitive*
**mostrar** *to show, demonstrate*
el (la) **narcotraficante** *drug-dealer*
el **narcotráfico** *the drug trade*

# Más práctica

**Mañana.** Estas jóvenes universitarias participan en muchas actividades, como puedes ver en la cantidad de cosas que tienen en su cuarto. ¿Qué van a hacer mañana? Por cierto una de las chicas sacará fotos y la otra quizás esquiará. ¿Qué otras cosas harán?

## 15. Objetos comunes y preposiciones de ubicación

**Nombre** _____     **Fecha** _____

# Conexiones

**A**  **Tu candidatura.** Como Rubén Blades, anuncias tu candidatura para la presidencia. Ahora tienes que dar un discurso sobre lo que harías para mejorar la situación económica, política y social de tu país. ¿Qué prometes que harías si ganaras las elecciones?

MODELO   pasar leyes para proteger el medio ambiente
         **Pasaría leyes para proteger el medio ambiente.**

1. darles asistencia médica a los pobres y a los ancianos

_____

2. bajar los impuestos de la clase trabajadora

_____

3. poner computadoras en todas las escuelas primarias y secundarias

_____

4. crear nuevos empleos en todas las industrias

_____

5. castigar a las empresas culpables de contaminación del medio ambiente

_____

**B**  **El Canal de Panamá.** Describe la historia del Canal de Panamá. Usa el condicional.

MODELO   **En 1903 el gobierno de EE.UU. obtendría el derecho de construir el Canal de Panamá.**

1. Los constructores _____ los planes de construir un canal a nivel del mar. *(rechazar)*

2. _____ usar un sistema de compuertas y esclusas. *(decidir: ellos)*

3. El Canal de Panamá _____ uno de los mayores logros de la ingeniería del siglo XX. *(ser)*

4. Se _____ entre 1904 y 1914. *(construir)*

5. _____ una longitud de 82 kilómetros y una anchura mínima de 33,5 metros. *(tener)*

6. La construcción del canal _____ la creación del enorme lago artificial de Gatún. *(incluir)*

7. Su construcción _____ 400 millones de dólares. *(costar)*

8. Más de 65.000 personas _____ en ella. *(trabajar)*

**C**  **Rubén Blades.** Escribe un artículo sobre la historia de la vida y el éxito de Rubén Blades. Usa el condicional. (Si el sujeto está entre paréntesis, no hace falta repetirlo.)

MODELO  Un joven abogado / llamado Blades / destacarse / como salsero / en su país
**Un joven abogado llamado Blades se destacaría como salsero en su país.**

1. (Blades) / hacer sus maletas / y / irse a Nueva York

_____

2. (Blades) llegar / a Nueva York / entusiasmado

_____

3. (él) / trabajar / como / mensajero

_____

4. por suerte / (él) / conocer / al gran conguero / Ray Barreto

_____

5. los dos socios / lanzar / un LP / que / hacer historia / en la salsa

_____

6. los pesimistas / equivocarse

_____

7. *Pedro Navaja* / ser / un éxito / sin precedente

_____

8. Blades / actuar / en una película / titulada *Crossover Dreams*

_____

9. (él) / posponer / su carrera artística

_____

10. (él) / matricularse / en un programa / de maestría / en derecho internacional / de Harvard

_____

11. después de graduarse / (él) / regresar / a la música / y / al cine

_____

12. en 1993 / (él) / anunciar / su candidatura / a la presidencia / de Panamá

_____

# ¡Exprésate!

## Los medios de comunicación

### Los periódicos y las revistas

**Secciones**
el arte y el cine
los anuncios de empleo
los anuncios de ventas
los artículos
la belleza
las crónicas sociales
los deportes
las historietas
la moda
las noticias locales
las noticias nacionales
las noticias internacionales
el pronóstico del tiempo
la salud

### LA TELEVISIÓN Y LA RADIO

**Tipos de programación**
el documental
los foros de discusión política
el noticiero
la película
el programa de concursos
el programa deportivo
el programa de entrevistas
el programa musical
el programa del radioterapeuta
la publicidad
la serie
la telecomedia
la telenovela

**Unidad 6, Lección 2**

**D** **Mi programa.** Escoge un medio de comunicación que te atraiga. Escoge una sección o un tipo de programación. Escoge un tema o escoge a alguien famoso(a) para entrevistar. ¡Escribe tu propio programa! ¡Sé original!

_____

_____

_____

_____

_____

_____

_____

_____

_____

_____

# Vocabulario activo

## Gente

la **candidatura** *candidacy*

el **derecho internacional** *international law*

el **derrocamiento** *overthrow*

el **enfrentamiento** *confrontation*

**exitoso(a)** *successful*

**ingresar** *to enter, become a member (of)*

la **literatura infantil** *children's literature*

las **llaves de la ciudad** *keys to the city*

la **maestría** *master's degree*

la **presidencia** *presidency*

el **profesorado** *professorship*

el **(la) teniente coronel(a)** *coronel, lieutenant*

la **trayectoria** *trajectory, path, course*

## Los primeros exploradores y La colonia

**atraer** *to attract*

**atravesar** *to pass through; to go across*

la **construcción** *construction*

**decaer** *to decline, fall*

**denominado(a)** *named, called*

**intensificar** *to intensify*

el **mar** *sea*

la **mercancía** *trade, commerce*

el **océano** *ocean*

**opulento(a)** *opulent, wealthy*

el **pez/los peces** *fish*

el **puerto** *port*

**restablecer** *to reestablish*

**saquear** *to sack, plunder, loot, pillage*

**suprimir** *to suppress, eliminate, do away with*

**tocar** *to touch, come in contact with*

## La independencia y El istmo en el siglo XIX

**aislado(a)** *isolated*

**conmemorar** *to commemorate, celebrate*

**contrario(a)** *contrary, opposing*

**convocar** *to convoke, call together, convene*

el **descubrimiento** *discovery*

la **desintegración** *disintegration*

**encargado(a)** *commissioned, in charge*

**fallido(a)** *failed*

el **fracaso** *failure*

**interoceánico(a)** *interoceanic*

**obligado(a)** *necessary, obliged*

**ratificar** *to ratify, confirm, approve*

**revitalizar** *to revitalize*

## La República de Panamá

**conceder** *to concede; to give*

el **desorden** *disorder, confusion*

la **franja** *strip (of land)*

**impedir** *to impede; to prevent*

la **perpetuidad** *perpetuity*

el **protectorado** *protectorate*

el **resentimiento** *resentment; grudge*

el **(la) separatista** *separatist*

## La época contemporánea

la **cesión** *cession, transfer*

la **corte** *court*

**culpable** *guilty*

el **descontento** *displeasure, dissatisfaction*

**molesto(a)** *bothered, upset, annoyed*

el **(la) traficante de drogas** *drug trafficker*

la **transferencia** *transfer*

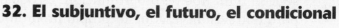

# Más práctica

## 32. El subjuntivo, el futuro, el condicional

**Los novios.** ¿Qué pasaría si esta pareja se casara? ¿Podrías predecir su futuro usando el condicional? Trata de hacerlo.

**Nombre** _____ **Fecha** _____

# Conexiones

**A** **Ifigenia.** Eres el (la) productor(a) de la telenovela caraqueña *Ifigenia*, que se basa en el libro de Teresa de la Parra. ¿Qué les dirás a todos los empleados de la producción?

MODELO   el director: contratar a la mejor actriz de Caracas
**Le diría al director que contratara a la mejor actriz de Caracas.**

1. la diseñadora: estudiar el vestuario de esa época

   _____

2. los diseñadores del escenario: buscar muebles antiguos

   _____

3. los actores: interpretar sus papeles auténticamente

   _____

4. los técnicos: iluminar el escenario románticamente

   _____

5. todos: esforzarse para hacer su mejor trabajo

   _____

**B** **Caracas, la ciudad ultramoderna.** Estás pensando sobre la posibilidad de trasladarte a Latinoamérica. ¿Qué piensas?

MODELO   querer vivir en Latinoamérica (vivir en Caracas)
**Si yo quisiera vivir en Latinoamérica, viviría en Caracas.**

1. vivir en Caracas (trabajar en la ciudad)

   _____

2. trabajar en la ciudad (alquilar un apartamento en pleno centro)

   _____

3. alquilar un apartamento en pleno centro (no necesitar carro)

   _____

4. no necesitar carro (no comprar uno)

   _____

5. no tener carro (usaría el metro)

   _____

**C**  **Amigos venezolanos.** Si estuvieran tus amigos venezolanos de visita en tu casa, ¿qué les sugerirías que hicieran?

MODELO  **Les sugeriría que visitaran el Museo de Bellas Artes.**

1. _____

_____

_____

2. _____

_____

_____

3. _____

_____

_____

4. _____

_____

_____

5. _____

_____

_____

6. _____

_____

_____

**Nombre** _____  **Fecha** _____

# ¡Exprésate!

## Los profesionales en los medios de comunicación

### LA TELEVISIÓN Y LA RADIO

- el (la) camarógrafo(a) *cameraperson*
- el (la) director(a) *director*
- el (la) diseñador(a) del escenario
  *set designer*
- el (la) diseñador(a) del vestuario
  *costume designer*
- el (la) entrevistador(a) *interviewer*
- el (la) locutor(a) *newscaster*
- el (la) maquillador(a) *make-up artist*
- el (la) productor(a) *producer*
- el (la) reportero(a) *reporter*
- el (la) técnico(a) de sonido *sound technician*

### Los periódicos y las revistas

- el (la) columnista *columnist*
- el (la) componedor(a) *typesetter*
- el (la) diseñador(a) de texto *text designer*
- el (la) fotógrafo *photographer*
- el (la) editor(a) *editor*
- el (la) editor(a) ejecutivo(a) *executive editor*
- el (la) editor(a) gerente *managing editor*
- el (la) maquetador(o) *layout person*
- el (la) periodista *journalist*
- el (la) reportero(a) *reporter*

**D** **Yo quiero ser...** ¿Qué quieres ser tú? ¿Te interesa el trabajo de algunos de estos profesionales? ¿Cuál y por qué? ¿Qué harías si fueras periodista? Escribe un párrafo describiendo la profesión que te interesa, por qué te interesa, y qué harías si estuvieras en esa profesión.

_____

_____

_____

_____

_____

_____

_____

_____

_____

_____

_____

# Vocabulario activo

## Gente

**aplicar** *to apply*
**el atentado** *aggression against the government or someone representing authority*
**la coalición** *coalition, alliance*
**la democratización** *democratization*
**distanciarse** *to distance onself*
**el dúo** *duo, duet*
**finalizar** *to finalize, complete*
**la industrialización** *industrialization*
**interpretar** *to act a part, to perform; to interpret*
**la perspectiva** *perspective, point of view*
**postular** *to stand as a candidate for*
**romper** *to break*
**únicamente** *only; simply*

## Los primeros exploradores

**apoderarse** *to seize, take possession of, appropriate*
**habitar** *to inhabit*
**la orilla** *bank (of a river), shore*
**la perla** *pearl*

**los pilotes** *piles*
**pisar** *to step on, step foot on*
**retirarse** *to withdraw, leave*
**la riqueza** *richness, wealth*
**la tierra firme** *solid ground*

## La colonia y La independencia

**declarar** *to declare*
**desilusionado(a)** *disillusioned, disappointed*
**establecerse** *to be established, be set up*
**las flotas** *fleets*
**lejano(a)** *distant, far-off*
**el (la) llanero(a)** *plainsman, plainswoman*
**el nacionalismo** *nationalism*
**proveer** *to provide*
**reafirmar** *to reaffirm*
**rendirse** *to surrender*
**resentir** *to resent*
**la seguridad** *security*
**la semilla** *seed*

## Un siglo de caudillismo

**la aristocracia** *aristocracy*
**el caudillo** *chief, leader, commander*
**ejercer** *to exercise (one's rights)*
**reprimido(a)** *repressed*
**sanguinario(a)** *bloodthirsty, cruel*
**la sucesión** *succession*
**el (la) terrateniente** *land holder*
**urbano(a)** *urban, of the city*

## La consolidación y El desarrollo industrial

**la alianza** *alliance*
**la corrupción** *corruption*
**cuadruplicar** *to quadruple*
**el ingreso** *income*
**el partido político** *political party*
**propuesto(a)** *proposed*
**el (la) socio(a)** *member, associate*
**la transición** *transition*

# Más práctica

**Situaciones.** ¿Puedes describir las situaciones de las personas en el dibujo? Acuérdate que tienes que usar el verbo **tener.**

## 30. Expresiones con *tener*

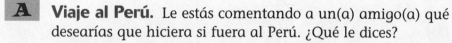

**Nombre** _____ **Fecha** _____

## Conexiones

**A** **Viaje al Perú.** Le estás comentando a un(a) amigo(a) qué desearías que hiciera si fuera al Perú. ¿Qué le dices?

MODELO  subir a Machu Picchu
**Desearía que subieras a Machu Picchu.**

1. leer sobre las ruinas incas

_____

2. comprar cerámicas peruanas

_____

3. ir al sitio arqueológico de Sipán

_____

4. sacar fotos de Nazca

_____

5. conocer las ruinas de Chan Chan

_____

6. visitar Koricancha, la fortaleza inca en Cuzco

_____

**B** **Entrevistas.** Hablaste con varias personas peruanas durante tu viaje al Perú. Les preguntaste qué clase de gobierno querían. Ahora le estás contando a un(a) amigo(a) los resultados de tus entrevistas informales.

MODELO  dedicarle más dinero a la educación
**La gente pedía un gobierno que le dedicara más dinero a la educación.**

1. tener más compasión para los pobres

_____

2. ser más eficiente

_____

3. resolver los problemas ambientales

_____

4. cambiar las leyes anticuadas

_____

5. tomar en cuenta los problemas de los trabajadores

Unidad 7, Lección 1

**C** **El hombre y la víbora.** Mariluz acaba de leer la leyenda quechua *El hombre y la víbora* y le está contando sus reacciones a una compañera de clase. ¿Qué le dice?

MODELO    yo / no querer que / hombre / ayudar a / víbora
**Yo no quería que el hombre ayudara a la víbora.**

1. yo / temer que / víbora / picarlo

_____

2. ser increíble que / víbora / no darle las gracias

_____

3. yo / dudar que / buey / estar de acuerdo / con / hombre

_____

4. yo / temer que / caballo / ponerse del lado de / víbora

_____

5. ser increíble que / caballo / quejarse

_____

6. no ser verdad que / piedra / ser / tan pequeña

_____

7. yo / dudar que / zorro / salvar a / hombre

_____

8. zorro / decirle al hombre / matar a / víbora

_____

Nombre _____   Fecha _____

# ¡Exprésate!

## En el consultorio del médico

### ¿Estás enfermo(a)? ¿Cuáles son tus síntomas?

**Estoy mareado(a). / Me dio un mareo.** *I'm dizzy. / I had a dizzy spell.*
**Me desmayé.** *I fainted.*
**No paro de estornudar.** *I can't stop sneezing.*
**Siento náuseas.** *I feel nauseous.*
**Sufro de insomnio.** *I have insomnia.*
**Tengo fiebre.** *I have a fever.*
**Tengo la garganta inflamada.** *My throat is inflamed.*
**Tengo mucha tos.** *I've been coughing a lot.*

### ¿Qué dice el (la) médico(a) que tienes?

**Dice que tengo alergias.** *He (she) says I have allergies.*
**Dice que tengo bronquitis.** *He (she) says I have bronchitis.*
**Dice que tengo catarro.** *He (she) says I have a cold.*
**Dice que tengo gripe.** *He (she) says I have a flu.*
**Dice que tengo una infección (del …, de la…)** *He (she) says I have an infection.*
**Dice que tengo pulmonía.** *He (she) says I have pneumonia.*
**Dice que tengo un resfriado.** *He (she) says I have a cold.*

### ¿Qué va a hacer el (la) médico(a)?

**Me va a recetar unos antibióticos.** *He (she) is going to prescribe me some antibiotics.*
**Me va a poner una inyección de penicilina.** *He (she) is going to give me a shot of penicillin.*
**Me va a recetar unas gotas.** *He (she) is going to prescribe me some drops.*
**Me va a recetar un jarabe para la tos.** *He (she) is going to prescribe me some cough medicine.*
**Me va a recetar unas pastillas.** *He (she) is going to prescribe me some pills.*
**Me va a sacar radiografías.** *He (she) is going to take some X-rays.*
**Me va a tomar la presión.** *He (she) is going to take my blood pressure.*
**Me va a tomar la temperatura.** *He (she) is going to take my temperature.*

**D** **El examen físico.** Ve a la página 84 de este cuaderno y practica el vocabulario que ya sabes sobre las enfermedades y los síntomas.

**E** **¡No me siento bien!** En una hoja aparte, describe un día en el que no te sentiste muy bien. ¿Fuiste al consultorio de un(a) médico(a)? ¿Cómo le describiste tus síntomas? ¿Qué te dijo que tenías? ¿Qué te recetó? ¿Te sentiste mejor, o no? Describe el día con todo el detalle que puedas.

# Vocabulario activo

**Gente**
bailable *danceable*
la ciudad natal *birthplace, hometown*
la etiqueta *label*
las Naciones Unidas *United Nations*

**Las grandes civilizaciones antiguas** y **La conquista**
a finales de *at the end of*
el altiplano *high plateau, high tableland*
andino(a) *Andean*
anterior *previous, former, preceding*
la cerámica *ceramics*
condenar *to condemn; to sentence*
desembarcar *to disembark; to unload, put ashore*
florecer *to flourish, prosper*
precolombino(a) *pre-Columbian*
el (la) seguidor(a) *follower*

**La colonia** y
**La independencia**
el (la) aristócrata *aristocrat*
la autoridad *authority*
la batalla *battle*
la desembocadura *mouth, outlet (of a river)*
el embarque *shipment*
entrevistarse *to have a meeting or an interview*
la extracción *extraction, removal*
la iniciativa *initiative*
la revuelta *revolt*
los Reyes Magos *the Three Kings; the Three Wise Men*

**La joven república** y
**La Guerra del Pacífico**
el asunto *matter, affair*
el depósito *deposit, accumulation*
el desierto *desert*
el fertilizante *fertilizer*
fronterizo(a) *frontier, border*
gozar (de) *to enjoy*
el guano *manure derived from bird droppings*
independiente *independent*
la mediación *mediation*
mutuo(a) *mutual*
el nitrato *nitrate*

**La época contemporánea**
agobiar *to overwhelm, oppress*
aprobarse *to be approved*
la confianza *confidence*
la penetración *pentration*
el terrorismo *terrorism*

# Más práctica

**El Centro Médico.** Estás en el Centro Médico Morales. ¿Puedes describir los síntomas de todas las personas en la sala de espera?

**En el consultorio.** Estás en el consultorio de la Dra. Morales. ¿Qué te sugiere? ¿Qué está haciendo la enfermera?

### 27. La clínica

### 28. El examen físico

**Nombre** _____  **Fecha** _____

## Conexiones

**A** **Arturo.** Arturo fue a Ecuador hace unos años y le está contando a un amigo vía correo electrónico cómo le fue. Completa su carta con la forma apropiada del imperfecto de subjuntivo de los verbos indicados.

| | |
|---|---|
| **Para:** Miguel35 | **Copias a:** _____ |
| **De:** Arturo15 | |
| **Tema:** Ecuador | **Archivo:** _____ |

Fui a Ecuador antes de que _____ de la universidad. *(graduarme)*
Me quedé seis meses para que _____ tiempo de conocer el país. *(tener)* Mis
padres no se preocupaban mucho con tal de que les _____ una vez por
semana. *(llamar)* Mientras que _____ el español y _____
mis estudios, estaban felices por mí. *(practicar, continuar)* Sin que les _____
dinero, me lo mandaban regularmente. *(pedir)* En caso de que _____ una
emergencia médica, siempre cargaba conmigo su número de teléfono. *(haber)*

  Si _____ ir otra vez, me quedaría un año. *(poder)* Y tú, ¿no has soñado
alguna vez con viajar a Sudamérica? Hablemos más sobre el tema.   Arturo

**B** **Los casados.** Estos novios se prometieron que iban a viajar a Ecuador, bajo ciertas condiciones. Usando el imperfecto de subjuntivo, descubre bajo qué condiciones pensaban hacer el viaje.

MODELO   viajar a Ecuador → cuando (cumplir tres años de casados)
      **Iban a viajar a Ecuador cuando cumplieran tres años de casados.**

**1.** guardar su dinero → hasta que (tener lo suficiente)

_____

**2.** pedir sus pasaportes → después de que (sacar sus fotos)

_____

**3.** comprar sus boletos → en cuanto (recibir sus pasaportes)

_____

**4.** registrarse en el hotel → tan pronto como (llegar a Quito)

_____

**5.** disfrutar de sus vacaciones → aunque (no tener mucho tiempo)

**C** **Las Galápagos.** Según el contexto de las oraciones, decide si debes usar el indicativo o el subjuntivo en los espacios en blanco.

1. Cuando _____ Charles Darwin a las islas Galápagos en 1835, se obsesionó con las variaciones en las especies. *(llegar)*

2. Demasiado turismo podría ser desastroso para las Galápagos, aunque _____ beneficioso para la economía ecuatoriana. *(ser)*

3. El gobierno designó a algunas de las islas como reservas naturales tan pronto como _____ del peligro de extinción. *(darse cuenta)*

4. Tan pronto como _____ un segundo aeropuerto, empezó a llegar más gente. *(abrir–ellos)*

5. Sería importante que el gobierno _____ de limitar el turismo. *(tratar)*

6. Podríamos salvar las islas con tal de que _____ soluciones ambientales. *(encontrar)*

7. Sería importante que el gobierno ecuatoriano _____ medidas drásticas para proteger su tesoro nacional. *(tomar)*

8. La gente del mundo tendría que unirse en contra de la contaminación para que la flora y fauna _____. *(sobrevivir)*

**Nombre** _____ **Fecha** _____

## ¡Exprésate!

# La dieta de proteínas que no duele
## ¡Pierde peso sin morirte de hambre!

**Diez fuentes
de proteínas**

Sólo con productos lácteos y ciertos vegetales, puedes llenar tu cuota diaria de proteínas. Además, muchos son ricos en fibra, lo cual te hace sentir lleno(a).

| Alimento | Proteínas gramos | Grasa gramos | Calorías |
|---|---|---|---|
| Requesón bajo en grasa, 1/2 taza | 16 | 2 | 100 |
| Yogur, desgrasado, 1 taza | 12 | 4 | 145 |
| Tofu, 1/2 taza | 10 | 6 | 95 |
| Lentejas, 1/2 taza cocinadas | 9 | 5 | 115 |
| Frijoles colorados, 1 taza | 8 | 5 | 112 |
| Leche descremada, 1 taza | 8 | 5 | 85 |
| Garbanzos, 1/2 taza | 7 | 2 | 134 |
| Avena, 1 taza | 6 | 2 | 145 |
| Semillas de girasol, 1 cucharada | 6 | 14 | 160 |
| Chícharos, 1/2 taza cocinados | 4 | trazos | 65 |

Unidad 7, Lección 2

**D** **Las proteínas.** ¿Cuántas calorías tienen los siguientes productos lácteos y vegetales? ¿Son algunos parte de tu dieta diaria? ¿Cuáles prefieres?

1. *Skimmed milk* _____

2. *Red beans* _____

3. *Oatmeal* _____

4. *Sunflower seeds* _____

5. *Peas* _____

6. *Low fat cottage cheese* _____

7. *Low fat yogurt* _____

8. *Lentils* _____

9. *Chickpeas* _____

# Vocabulario activo

### Gente
**abstraer** *to abstract, make abstract*
**deformar** *to deform*
**infrahumano(a)** *subhuman*
**la juventud** *youth*
**el pigmento** *pigment*
**el (la) practicante** *practitioner*

### Época prehispánica e hispánica
**anexar** *to annex*
**guerrero(a)** *warlike*
**heredar** *to inherit*
**el (la) heredero(a)** *heir*
**reemplazar** *to replace*

### Proceso independentista
**la asamblea** *assembly, meeting, congress*
**enviar** *to send*
**la reunión** *reunion, meeting*
**tener lugar** *to take place*

### Ecuador independiente
**amazónico(a)** *Amazonian*
**coincidir** *to coincide*
**cosmopolita** *cosmopolitan*
**la empresa** *enterprise, business*
**el (la) hacendado(a)** *person owning real estate, landowner*
**oponerse** *to oppose*
**reclamar** *to claim, ask for, demand*
**la rivalidad** *rivalry*

### Época más reciente
**construir** *to build, construct*
**el corazón** *heart*
**la estructura** *structure*
**modificar** *to modify*
**palpitar** *to palpitate; to throb, quiver*
**la refinería** *refinery*
**renovar** *to renovate, renew*

# Más práctica

**El mercado.** ¿Puedes nombrar las frutas y los vegetales en el dibujo? ¿Cuáles son los más nutritivos? ¿Cuáles comes tú? ¿Con qué frecuencia los comes?

**19. Las frutas y los vegetales**

**Nombre** _____ **Fecha** _____

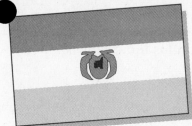

## Conexiones

**A** **Ventana al Mundo 21.** ¿Qué aprendiste sobre el folklore y la música andina? Para saber, completa las siguientes oraciones. Primero escoge el verbo de la lista que tiene más sentido según el contexto de la oración, y entonces asegúrate que estás usando el presente perfecto de indicativo.

revitalizar   incluir   existir   mantener   oír   compartir   haber   escuchar   lograr   tratar   ser

MODELO   Los pueblos de las mesetas andinas **han compartido** una tradición cultural que incluye Ecuador, el Perú, Chile y Argentina.

1. _____ un folklore andino por muchos siglos.

2. El folklore andino siempre _____ las costumbres, la vestimenta, la tradición oral, la danza y la música.

3. El folklore musical de los pueblos andinos siempre _____ sumamente rico.

4. Los andinos _____ la música folklórica a través de la tradición oral.

5. Con su gran variedad de instrumentos, los conjuntos andinos _____ imitar el sonido del viento en lo alto de los Andes.

6. Unos grupos con proyección internacional _____ la música andina.

7. Yo nunca _____ el sonido del charango.

8. Nosotros _____ de ir a conciertos de grupos andinos, pero no _____ muchas oportunidades en nuestra comunidad.

9. Y tú, ¿alguna vez _____ la música misteriosa de los Andes?

**B** **Fragmentos.** Varias personas en tu clase se están haciendo preguntas sobre lo que saben de la cultura de Bolivia. Escribe el diálogo entre ellos, según las indicaciones. Usa el presente perfecto de indicativo y sigue el modelo.

MODELO   tú: estudiar alguna vez la cultura de los aymaras
  **–¿Has estudiado alguna vez la cultura de los aymaras?**
  **–Sí, (No, no) he estudiado la cultura de los aymaras.**

1. tú: ver una boda aymara

_____

_____

2. ustedes: apreciar como construyen balsas con el junco que crece a orillas del lago Titicaca

_____

_____

_____

_____

3. usted: recibir la tarjeta postal que le mandé de Bolivia

_____

_____

4. tú: viajar a Bolivia alguna vez

_____

_____

5. ustedes: ver una llama alguna vez

_____

_____

6. tú: ponerte un poncho hecho de lana de llama

_____

_____

**Nombre** _____ **Fecha** _____

**C** **Opiniones.** Has aprendido mucho sobre la historia y cultura de Bolivia. Ahora escribe tus opiniones sobre varios temas al respecto. Escribe ocho oraciones usando el presente perfecto de subjuntivo. Puedes usar las frases y los temas indicados, o puedes escoger otros. Estudie el modelo y luego decide.

EJEMPLO   **Es increíble que los aymaras hayan mantenido sus antiguas tradiciones a pesar de la conquista española.**

**Espero que**

**Dudo que**

**Me alegra que**

**Lamento que**

**Es increíble que**

**Es posible que**

**Es dudoso que**

**No es evidente que**

**Temas**
los aymaras
Tiahuanaco
la Puerta del Sol
Jaime Paz Zamora
la música andina
el lago Titicaca
María Luisa Pacheco
una boda aymara

1. _____

_____

2. _____

_____

3. _____

_____

4. _____

_____

5. _____

_____

6. _____

_____

7. _____

_____

8. _____

_____

Unidad 7, Lección 3

# ¡Exprésate!

## ¡Suelta tu energía poniéndote en forma!

¿Tienes algunos kilos de más? Es muy importante que los elimines y te pongas en forma haciendo ejercicio. Aquí te damos 4 opciones que están al alcance de todos.

### aeróbicos

**Sus beneficios:**

✔ Mejoran el estado físico de los pulmones, el corazón y el sistema circulatorio.
✔ Se fortalecen los huesos porque ayudan a que se absorba mejor el calcio.
✔ Dan flexibilidad.
✔ Sirven para quemar calorías.
✔ Ayudan a mejorar la digestión.
✔ Sirven para liberar las tensiones y te dan energía.

### brincar la cuerda

**Sus beneficios:**

✔ Da condición física.
✔ Lo puedes hacer en cualquier lugar.
✔ Es muy barato.
✔ Ayuda a mejorar el sistema circulatorio, el funcionamiento del corazón y los pulmones.
✔ Sirve para relajarte y evitar el estrés.

### bicicleta

**Sus beneficios:**

✔ Es muy bueno para quemar calorías.
✔ Acondiciona tanto el corazón como los pulmones.
✔ Fortalece mucho las piernas.
✔ Puedes quemar hasta 600 calorías en una hora.
✔ Ayuda para descargar energía y relajarte.

### patinar

**Sus beneficios:**

✔ Es uno de los mejores ejercicios aeróbicos y da mucha condición física.
✔ Ayuda el sistema cardiovascular.
✔ Fortalece los músculos de las piernas.
✔ Puedes quemar hasta 500 calorías en una hora.
✔ Es muy divertido si vas con tus amigos.
✔ Puede ayudar a reducir el estrés.

**D** **Tu rutina.** Ya todo el mundo sabe que es importante comer alimentos nutritivos, hacer ejercicio y dormir suficiente para estar saludable y de buen humor la mayoría del tiempo. Describe tu rutina. ¿Por qué escoges el ejercicio o deporte que practicas? ¿Cuántas veces por semana lo haces? Describe la rutina que sigues para ponerte y mantenerte en forma. Explica por qué escogiste esa rutina. Si no tienes una rutina, describe la rutina que piensas que te vendría mejor.

MODELO **Yo hago ejercicios aeróbicos después del colegio todos los días. Me gusta hacerlos porque los puedo hacer escuchando música o viendo la televisión. También los puedo hacer a cualquier hora. No necesito equipo muy sofisticado, lo cual es un beneficio tremendo. ¡También sirve para quemar muchas calorías!**

_____

_____

_____

_____

_____

_____

_____

**E** **Consejos.** Dales consejos a dos amigos que quieren perder peso y tener más energía.

MODELO **Debes brincar la cuerda por media hora todos los días. Las cuerdas son muy baratas, y ¡puedes brincar donde quieras! Te relajas, evitas el estrés y ¡quemas calorías! ¿Qué más quieres?**

1. Amigo(a) 1: _____

_____

_____

_____

2. Amigo(a) 2: _____

_____

_____

_____

Unidad 7, Lección 3

# Vocabulario activo

**Gente**
**aéreo(a)** *air, aerial*
**la afirmación** *affirmation, approval*
**el (la) aprendiz** *apprentice*
**el (la) becario(a)** *fellowship student*
**educarse** *to be educated*
**encarcelado(a)** *imprisoned*
**el éxito** *success*
**la inferioridad** *inferiority*
**psíquico(a)** *pyschic*
**sociológico(a)** *sociological*

**Período prehispánico** y **Conquista y colonia**
**la altura** *height; altitude*
**el ancho** *width*
**el cerro** *hill*
**densamente** *densely*
**inhumanamente** *inhumanely*
**minero(a)** *mining*
**el pie** *foot; bottom*

**La independencia y el siglo XIX**
**la amenaza** *threat*
**el compromiso** *compromise*
**decisivo(a)** *decisive*
**disputar** *to dispute*

**optar** *to choose, select*
**prevalecer** *to prevail, triump, overcome*
**la sede** *seat; headquarters*
**el (la) vencedor(a)** *conqueror, winner, victor*

**Guerras territoriales** y **Revolución de 1952 al presente**
**el auge** *summit, apex*
**el avance** *advance*
**el caucho** *rubber*
**la disputa** *dispute*
**la injusticia** *injustice*
**el malestar** *malaise; uneasiness*

# Más práctica

**Los deportes.** ¿Puedes identificar todos los deportes en el dibujo? ¿Cuál es tu favorito? ¿Por qué?

**Ejercicio.** Nombra las partes del cuerpo. ¿Cuáles ejercicios fortalecen cuáles partes del cuerpo?

### 25. Los deportes

### 26. El cuerpo

**Nombre** _____  **Fecha** _____

# Conexiones

**A** **Gente del Mundo 21.** ¿Qué aprendiste de las personas que se describen en la sección *Gente del Mundo 21*? Para saberlo, escribe oraciones basándote en el modelo. Usa el pretérito en la primera cláusula y el pluscuamperfecto de indicativo en la segunda.

MODELO  Borges: trasladarse a Ginebra / dominar el inglés
**Cuando se trasladó a Ginebra, ya había dominado el inglés.**

1. Borges: una enfermedad dejarlo ciego / escribir muchos libros de poesía y ensayos

_____

_____

2. Benedetti: escribir su primer libro de cuentos / ocupar varios empleos

_____

3. Benedetti: regresar a su país / colaborar con el semanario *Marcha*

_____

4. Peri Rossi: escribir su primer libro de cuentos / trabajar como profesora y periodista

_____

_____

**B** **¿Mujer o mito?** Eva Duarte de Perón, como dice el título, fue una mujer que pasó a ser mito. Pasaron muchas cosas en su vida que son realmente sorprendentes. Usa el pluscuamperfecto de subjuntivo para escribir unas oraciones sobre la vida de esta gran mujer.

MODELO  ser sorprendente: venir de origen humilde
**Es sorprendente que hubiera venido de origen humilde.**

1. ser curioso: demostrar una gran habilidad en la oratoria

_____

2. ser estupendo: lograr conseguir el derecho al voto para las mujeres argentinas

_____

3. ser lamentable: morir tan joven

_____

4. ser natural: convertirse en un verdadero mito

_____

5. ser natural: hacerse una película sobre su vida

_____

**C** **El futuro de Mafalda.** ¿Qué pasará en los futuros de Mafalda, su familia y sus amigos? Trata de imaginarlo. Usando el subjuntivo en la primera cláusula y el futuro perfecto en la segunda, escribe seis oraciones especulando sobre los futuros de los personajes del vecindario de Mafalda. Estudia el modelo.

MODELO  Mafalda: graduarse del colegio → Guille: crecer mucho
**Antes de que se gradúe Mafalda del colegio, Guille ya habrá crecido mucho.**

1. Manolito: ser agente de bolsa → Libertad: destacarse como política

_____

_____

2. Susanita: lograr ser madre → Miguelito: pasar la crisis de los 40

_____

_____

3. Felipe: tomar alguna decisión → Guille: irse de casa

_____

_____

4. el padre de Mafalda: jubilarse → la madre de Mafalda: conseguir trabajo

_____

_____

5. Mafalda: casarse → Susanita: casarse

_____

_____

6. Guille: hacerse adulto → Mafalda y Libertad: conquistar el mundo

_____

_____

**D** **Fútbol.** El fútbol siempre ha sido importante en los países hispanohablantes. ¿Qué dice este chico de un partido en el que no pudo jugar?

MODELO  yo: no lastimarme / jugar en el partido de fútbol
**Si yo no me hubiera lastimado, habría jugado en el partido de fútbol.**

1. yo: jugar en el partido / meter un gol

_____

2. tú: ir al partido / ver el partido del siglo

_____

3. ellos: practicar más / ganar

_____

4. usted: estar allí / compartir en el triunfo de nuestro equipo

_____

5. nosotros: descuidarnos / perder

_____

Nombre _____ Fecha _____

# ¡Exprésate!

cineasta
traductor(a)
profesor(a)
vendedor(a)
contador(a)
detective
electricista
editor(a)
artista
diseñador(a)
constructor(a)
arquitecto(a)
escritor(a)
gerente de negocios
científico(a)
publicista
maestro(a)
policía
jardinero(a)
programador(a)

**E** **Las profesiones.** ¿Qué clase de trabajo o profesión buscas? Completa las oraciones con las profesiones lógicas.

MODELO  Si eres muy creativo(a), **podrías ser cineasta.**

1. Si eres detallista,

_____

2. Si eres persuasivo(a),

_____

3. Si te fascina la electricidad,

_____

4. Si te gusta contar el dinero,

_____

5. Si te gusta dibujar,

_____

6. Si te gusta el diseño,

_____

7. Si te gusta hacer cuentas,

_____

8. Si te gustan las lenguas extranjeras,

9. Si te gusta investigar,

_____

10. Si te gusta trabajar al aire libre,

_____

11. Si te gusta trabajar con la computadora,

_____

12. Si te gusta trabajar con las manos,

_____

13. Si te gusta trabajar con los niños,

_____

14. Si te llevas bien con la gente,

_____

15. Yo quiero ser . . . porque . . . .

_____

_____

**Unidad 8, Lección 1**

# Vocabulario activo

### Gente

asociarse *to be associated with*
el (la) bibliotecario(a) *librarian*
el (la) cajero(a) *cashier*
capaz *capable*
ciego(a) *blind*
el (la) contador(a) *accountant*
la docencia *teaching, education*
el entrenamiento *training*
la licenciatura en letras *Master of Arts degree*
reposar *to rest*
el (la) taquígrafo(a) *stenographer; short hand clerk or typist*

### Argentina: Descubrimiento y colonización

el (la) cazador(a) *hunter*
la ganadería *cattle, livestock*
el gaucho *Argentinian cowboy*
la llanura *plain, flatland*
la pampa *pampa, extensive plain*

### El "granero del mundo" y La era de Perón

acceder *to accede, agree*
el autoritarismo *authoritarianism*
congelado(a) *frozen*
la dependencia *dependence*
la legalización *legalization*
poner en evidencia *to give someone away; to show someone is lying*
el populismo *populism*
la red *network, net*

### Las últimas décadas

externo(a) *external*
la privatización *privatization*
el recorte *cutting, trimming*

### Uruguay: La Banda Oriental del Uruguay

el caballo *horse*
despoblado(a) *depopulated, abandoned*
la yegua *mare*

### El proceso de la independencia y Los blancos y los colorados

el bienestar *well-being*
enfrentarse *to confront; to face*
la hostilidad *hostility*
incapaz *incapable, unable*
el (la) propietario(a) *landowner, landlord*

### Avances y retrocesos

la bancarrota *bankruptcy*
el consenso *consensus, general consent*
contener *to contain*
el desempleo *unemployment*
la paralización *paralyzation*
la prensa *press; newspapers*
la represión *repression*
reprimir *to repress*

# Más práctica

## 24. Las profesiones y las carreras

**Los graduados.** Los graduados en el dibujo están pensando en varias profesiones. ¿Cuáles crees tú que vayan a escoger?

**Nombre** _____  **Fecha** _____

## Conexiones

**A** **Gente del Mundo 21.** Di lo que aprendiste sobre los paraguayos famosos en la sección *Gente del Mundo 21*.

MODELO  Augusto Roa Bastos: nacer en Asunción, Paraguay
**Aprendí que Augusto Roa Bastos nació en Asunción, Paraguay.**

1. Augusto Roa Bastos: ganar el prestigioso Premio Miguel de Cervantes en 1989

_____

_____

2. Alfredo Stroessner: ocupar la presidencia de Paraguay durante 35 años

_____

3. Josefina Plá: nacer en España

_____

4. Josefina Plá: publicar varios libros sobre la cultura y literatura paraguaya

_____

5. Andrés Rodríguez: protaganizar el golpe de estado que depuso al dictador Stroessner

_____

_____

**B** **Los guaraníes.** ¿Qué pasó cuando llegaron los europeos a Paraguay?

MODELO  muchos grupos indígenas / habitar / grandes extensiones de Sudamérica
**Cuando llegaron los europeos, muchos grupos indígenas habitaban grandes extensiones de Sudamérica.**

1. las tribus indígenas / vivir / en la región al sur del río Amazonas / y / a lo largo de la costa del Atlántico

_____

_____

2. los guaraníes / poblar / principalmente/ el territorio entre el río Paraná y el Paraguay

_____

_____

3. los guaraníes / practicar / la agricultura de roza

_____

4. los guaraníes / llevar / una vida seminómada

**C**  **La presa de Itaipú.** Marcela forma varias opiniones después de leer la *Ventana al Mundo 21* sobre la presa de Itaipú. ¿Qué piensa ella que pasará en el futuro?

MODELO   la presa de Itaipú (beneficiar / a generaciones de paraguayos)
**Pienso que la presa de Itaipú beneficiará a generaciones de paraguayos.**

1. la presa de Itaipú (siempre / ser / la planta hidroeléctrica / más grande del mundo)

_____

2. Paraguay (obtener / una mayor compensación / de Brasil / en el futuro)

_____

3. Paraguay (empezar / otros proyectos hidroeléctricos)

_____

4. los paraguayos (disfrutar / de la construcción / de nuevas presas)

_____

5. los científicos (tener que / buscar nuevos modos / de producir electricidad)

_____

**D**  **Visita a Paraguay.** Unos amigos de Francisco le contaron de su viaje a Paraguay. ¿Qué le contaron?

MODELO   divertirse mucho en Paraguay
**Me contaron que se habían divertido mucho en Paraguay.**

1. ver paisajes muy bonitos

_____

2. pasar la mayoría del tiempo en Asunción

_____

3. comprar muchas cosas

_____

4. visitar con familiares de ellos

_____

5. gastar mucho dinero

_____

6. comer muy bien

_____

7. volver con una nueva impresión de Paraguay

_____

**Nombre** _____  **Fecha** _____

# ¡Exprésate!

**La entrevista.** Tienes una entrevista para un empleo estupendo. Quieres dar la mejor impresión posible. ¿Sabes cómo vestirte y cómo comportarte? ¿Estás preparado(a)? Algunos consejos:

— ∾ —

## El aspecto
Vístete de manera apropiada. Si tu entrevista será en una oficina, entonces vístete como se visten los empleados: de traje sencillo y elegante. Hombres: no se pongan una corbata muy original o de colores fuertes. Mujeres: no se pongan ropa de fiesta y no se pongan demasiado maquillaje. Ambos: asegúrense que su ropa esté limpiecita y planchada. Deben aparecer como personas serias, ¡no como jóvenes irresponsables!

— ∾ —

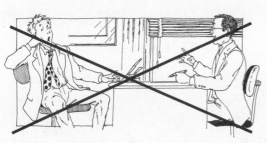 

## La actitud
Llega a tiempo. Sé cortés con todos en la oficina. Trata al entrevistador o a la entrevistadora con respeto. Sé atento(a). No empieces a mirar por todos lados si te empiezas a aburrir. Contesta las preguntas clara y brevemente. No hagas el error de pensar que tus ideas son las más interesantes. Recuerda que tú eres el (la) que no tiene experiencia; el entrevistador o la entrevistadora te está regalando una oportunidad. ¡No la eches a perder!

— ∾ —

## La preparación
Lee todo lo que puedas sobre la compañia a la cual estás solicitando un empleo. Ve a la biblioteca. Busca artículos y libros que traten con el trabajo que hacen en esa compañía. Es importante dar la impresión de inteligencia, de buen carácter, de trabajador(a), de persona a la quien le interesa hacer un trabajo bueno y honesto. ¡Todo está en tus manos!

— ∾ —

 **E** **Mi primera entrevista.** En hoja aparte, escribe lo que vas a hacer y cómo te vas a preparar para tu primera entrevista. Escribe las preguntas que crees que te vayan a hacer, y también escribe las respuestas.

**Unidad 8, Lección 2**

# Vocabulario activo

### Gente
**el alcance** *reach, importance*
**la ascendencia** *lineage, descent*
**el (la) ceramista** *ceramist, maker of ceramics*
**el (la) comandante en jefe** *commander in chief*
**expulsado(a)** *expelled, ejected*
**protagonizar** *to be the protagonist in, play the leading role in*
**reelegir** *to re-elect*

### El pueblo guaraní y la colonización
**abundar** *to abound, be plentiful*
**la aldea** *small town*
**la caza** *hunt, chase*
**la colina** *hill*

**la nave** *ship, boat*
**nómada** *nomad, nomadic; wandering*

### Las reducciones jesuíticas
**decretar** *to decree*
**el (la) esclavista** *advocate of slavery*
**el esplendor** *splendor*
**la evangelización** *evangelization, preaching*
**el jesuita** *Jesuit priest*
**llevar a cabo** *to carry out*
**rechazar** *to repel, repulse, drive back; to reject*
**la reducción** *settlement of converted indigenous people*
**repartirse** *to distribute among themselves*

### La independencia y las dictaduras y Los colorados y los liberales
**el desastre** *disaster*
**enfrentar** *to confront*
**el intercambio** *exchange, interchange*
**negarse** *to refuse; to deny*
**perpetuo(a)** *perpetual, everlasting*
**el patriotismo** *patriotism*

### Época contemporánea
**la cantidad** *quantity, amount*
**emprender** *to set about, undertake, begin*
**hidroeléctrico(a)** *hydroelectric*
**la presa** *dam*

# Más práctica

**La ropa apropiada.** Mira la ropa de las personas en el dibujo. Di por qué crees o no crees que alguno de ellos está vestido(a) para una entrevista de empleo.

**12. La ropa**

**Nombre** _____  **Fecha** _____

## Conexiones

**A** **Recomendaciones.** Javier, un amigo chileno, te recomienda varias cosas. ¿Qué te recomienda?

MODELO  estudiar las pinturas de Roberto Matta
**Recomiendo que estudies las pinturas de Roberto Matta.**

1. familiarizarte con el movimiento del expresionismo abstracto

_____

2. leer la novela *La casa de los espíritus* de Isabel Allende

_____

3. no ver la película de ese mismo título

_____

4. memorizar algunos de los poemas de Pablo Neruda

_____

5. escribir un ensayo sobre su obra *Canto general*

_____

**B** **Del pasado al presente.** Rosalinda acaba de leer la sección *Del pasado al presente* sobre Chile. Como sabía muy poco de ese país, no se imaginaba varias cosas. ¿Qué dice que no se imaginaba?

MODELO  Chile: encontrarse prácticamente aislado por los impenetrables Andes
**No me imaginaba que Chile se encontrara prácticamente aislado por los impenetrables Andes.**

1. la historia política de Chile: distinguirse de otras naciones latinoamericanas

_____

_____

2. Chile: tener en su historia una época tan violenta

_____

3. Chile: constituirse en un ejemplo democrático para todos los países latinoamericanos

_____

_____

4. Chile: avanzar tanto en las áreas de exportación

_____

**C** **Las odas de Pablo Neruda.** Las *Odas Elementales* de Pablo Neruda tienen títulos muy originales, y varían mucho en seriedad. Por ejemplo, hay títulos como *"Oda a la cebolla"*, *"Oda al traje"*, *"Oda al edificio"*, *"Oda al pan"*, tanto como *"Oda a la intranquilidad"*, *"Oda a la esperanza"*, *"Oda a la tristeza"* y *"Oda a la vida"*. La capacidad de Neruda de ver la vida desde el punto de vista del objeto o del concepto nombrado en el título es lo que hace el leer sus odas un verdadero placer.

Trata de escribir una oración desde el punto de vista de un objeto o un concepto de la vida. Aquí hay algunos ejemplos.

Si fuera traje, me dormiría de pie para no arrugarme.

Si fuera calcetín, no me gustaría conocer a un pie sucio.

Si fuera coche, sería modelo deportivo.

Si fuera cebolla, lloraría al ver las lágrimas de los demás.

### Conceptos

Si fuera un poema, contaría de amor.

Si fuera la tristeza, me escondería de los humanos.

Si fuera la esperanza, visitaría a miles de personas por día.

_____

_____

_____

_____

_____

_____

_____

_____

**Nombre** _____   **Fecha** _____

**D** **Debiera...** Usa el imperfecto de subjuntivo de los verbos **poder**, **querer** o **deber** para escribir seis oraciones. Usa los elementos de la segunda columna o inventa otros. Estudia el ejemplo.

    poder      comprar las novelas de Isabel Allende
    querer    ver el video del discurso del ex-presidente Patricio Aylwin
    deber     leer las *Odas Elementales* de Pablo Neruda

EJEMPLO   **Debieras leer las *Odas Elementales* de Pablo Neruda.**

1. _____
   _____
2. _____
   _____
3. _____
   _____
4. _____
   _____
5. _____
   _____
6. _____
   _____

**E** **Ojalá...** Usa el imperfecto de subjuntivo con *ojalá* para escribir cinco oraciones en las cuales expresas algún deseo fuera de tu alcance. Estudia los ejemplos.

EJEMPLOS   **Ojalá mis papás me compraran un coche modelo deportivo para mi graduación. Ojalá viajáramos a París en el Concorde jet este verano.**

1. Ojalá _____
   _____
2. Ojalá _____
   _____
3. Ojalá _____
   _____
4. Ojalá _____
   _____
5. Ojalá _____
   _____

**Unidad 8, Lección 3**

# ¡Exprésate!

## SOLICITUD DE EMPLEO

**Datos personales**

Nombre: _____ _____
             (Apellidos)                            (Nombre)

Dirección _____ _____ _____
           (Calle y número)      (Ciudad)     (Estado o zona, código postal)

N° de teléfono: _____

Fecha de nacimiento: _____

**Educación**

Escuela primaria: _____ _____
           (Nombre)          (Fecha de graduación)

Escuela secundaria: _____ _____
           (Nombre)          (Fecha de graduación)

Universidad: _____ _____
           (Nombre)          (Fecha de graduación)

Otros estudios: _____

**Aptitudes**

_____

_____

_____

**Datos de empleo**

_____ _____ _____ _____
  (Nombre de la empresa)   (Puesto)   (Fecha de inicio)   (Fecha de finalización)

_____

Puesto solicitado: _____

Fecha de empiezo deseada: _____

Sueldo deseado: _____

**Referencias**

_____

_____

**Ensayo**

En hoja aparte, escriba un ensayo que aclare por qué Ud. es el candidato perfecto o la candidata perfecta para el puesto que solicita.

_____

_____

Confirmo que todas mis respuestas son verdaderas. Autorizo la investigación de todo lo declarado en esta solicitud.

_____ _____
       (Firma)             (Fecha)

**F** **La solicitud.** Completa la solicitud de la página anterior. Primero decide cuál puesto estás solicitando con cuál empresa. Puede ser una verdadera empresa en tu comunidad. Entonces escribe a continuación el ensayo que pide la empresa en la solicitud.

Debes escribir varias versiones hasta que pegues con la descripción qué más te favorezca. ¡Recuerda que a nadie le gustan los fanfarrones! Descríbete con sinceridad en el estilo que más luzca tus cualidades sobresalientes. Ya sabes mucho español. ¡Debieras mostrarlo!

Suerte.

_____

_____

_____

_____

_____

_____

_____

_____

_____

_____

_____

_____

_____

_____

_____

_____

_____

_____

_____

_____

_____

**Unidad 8, Lección 3**

# Vocabulario activo

## Gente
la carrera de medicina *medical studies; medical profession*
célebre *famous*
el cobre *copper*
cursar *to study, attend a course of studies*
el deterioro *deterioration*
el (la) exponente *expounder, supporter*
inspirar *to inspire*
perseguir *to persecute, pursue*

## La conquista y la colonia española
decepcionado(a) *disillusioned, disappointed, disenchanted*
estrecho(a) *straight, thin*
el terreno *terrain, land*

## La independencia, El siglo XIX y Los gobiernos radicales
el caos *chaos*
distinguirse *to distinguish oneself, excel*
equilibrar *to balance*
interrumpir *to interrupt*
el porcentaje *percentage*
el (la) reformista *reformist*
el salitre *saltpeter*
suceder *to happen, to take place*

## El experimento socialista y El regreso de la democracia
el asalto *assault*
el boicoteo *boycott*
desfavorecido(a) *underprivileged*
la junta militar *military junta, military governing group*
obtener *to acquire, obtain, get*
precedente *precedent*
prohibir *to prohibit, forbid*
la recuperación *recuperation, recovery*
el referéndum *referendum*
revocar *to revoke, take back*
el triunfo *triumph*

# Más práctica

## 24. Las profesiones y las carreras

**Las profesiones.**
¿Cuál es la profesión que más te interesa? ¿Por qué? ¿Qué crees que tengas que hacer para conseguir la carrera de tus sueños?

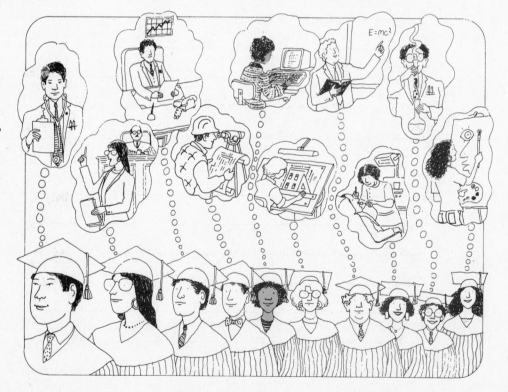

# Manual
# de gramática

# ¡DIME!
MUNDO 21

## Lección preliminar

### LP.1 Nouns  | Textbook, p. G2 |
#### Gender of Nouns

**a** **La tarea.** Ayúdale a Pepito a hacer la tarea. Tiene que identificar el sustantivo de género diferente, según el modelo.

MODELO  opinión, avión, satisfacción, confusión  **el avión** (los otros usan el artículo **la**)

1. mapa, literatura, ciencia, lengua  _____

2. ciudad, césped, variedad, unidad  _____

3. problema, tema, cama, poema  _____

4. calor, color, clamor, labor  _____

5. metal, catedral, canal, sol  _____

6. moto, voto, estilo, proceso  _____

**b** **¿Fascinante?** Indica si en tu opinión lo siguiente es fascinante o no.

MODELO  variedad cultural
   **La variedad cultural es fascinante.** o **La variedad cultural no es fascinante.**

1. artista Wifredo Lam

_____

2. idioma español

_____

3. diversidad multicultural de EE.UU.

_____

4. capital de nuestro estado

_____

_____

5. programa "El espejo enterrado"

_____

6. guía turística de mi estado

_____

7. pintura "El jaguar y la serpiente" de Rufino Tamayo

_____

8. foto de Machu Picchu

_____

### Plural of Nouns  | Textbook, p. G4 |

**Contrarios.** Tú y tu mejor amigo(a) son completamente diferentes. ¿Qué dices tú cuando tu amigo(a) hace estos comentarios?

MODELO  Yo no asisto a ninguna fiesta.  **Yo asisto a muchas fiestas.**

1. No tengo ningún interés.

_____

2. No asisto a ningún festival folklórico.

_____

3. No reconozco a ninguna actriz hispana.

_____

4. No escribo sobre ningún tema.

_____

5. No conozco a ningún hablante de náhuatl.

_____

6. No paso por ninguna crisis ahora.

_____

7. No tratamos ninguna cuestión importante.

_____

8. No me gusta ninguna ciudad grande.

_____

Manual de gramática

## LP.2 Definite and Indefinite Articles
## Definite Articles

Textbook, p. G5

| Definite Articles | | |
|---|---|---|
| | MASCULINE | FEMININE |
| SINGULAR | el | la |
| PLURAL | _____ | _____ |

**a** **Viajero.** Vas a visitar algunos países hispanos. Indica por qué te interesa visitar estos países.

MODELO  Argentina / Buenos Aires, capital
**Voy a visitar (la) Argentina porque quiero conocer Buenos Aires, la capital.**

1. Bolivia / Sucre, antigua capital

_____

2. México / Teotihuacán, Ciudad de los Dioses

_____

3. Ecuador / Guayaquil, puerto principal

_____

4. Brasil / Amazonas, río más largo de América

_____

5. Perú / Machu Picchu, ruinas incas

_____

6. Venezuela / Caracas, cuna del Libertador Simón Bolívar

_____

7. Chile / Isla de Pascua, lugar misterioso lleno de gigantescos monolitos de piedra

_____

_____

**b** **Preparativos.** ¿Quién es responsable de enviar las invitaciones? Para saberlo, escribe el artículo definido en los espacios sólo cuando es necesario.

—(1)_____ Señora Olga, ¿cuándo es la próxima exposición de (2)_____ doña Carmen?

—Es (3)_____ viernes próximo.

—(4)_____ señor Cabrera se ocupa de las invitaciones, ¿verdad?

—¿Enrique Cabrera? No, (5)_____ pobre Enrique está enfermo. Tú debes enviar (6)_____ invitaciones esta vez.

**c** **¿Eres bilingüe?** Da tus respuestas a las siguientes preguntas que te hace el (la) reportero(a) del periódico estudiantil.

1. ¿Qué lenguas hablas?

_____

2. ¿Qué lenguas lees?

_____

3. ¿Qué lenguas escribes?

_____

4. ¿Qué lenguas consideras difíciles? ¿Por qué?

_____

5. ¿Qué lenguas consideras importantes? ¿Por qué?

_____

**Nombre**_____ **Fecha** _____

## Indefinite articles

| Textbook, p. G8 |
| --- |

| Indefinite Articles | | |
| --- | --- | --- |
| | MASCULINE | FEMININE |
| SINGULAR | un | una |
| PLURAL | _____ | _____ |

**a** **Personajes.** Di quiénes son las siguientes personas. Sigue el modelo.

MODELO  Camilo José Cela / español / novelista / novelista español
**Camilo José Cela es español. Es novelista. Es un novelista español.**

1. Jorge Luis Borges / argentino / escritor / escritor argentino

   _____

   _____

2. Pablo Neruda / chileno / poeta / poeta chileno

   _____

   _____

3. Gloria Estefan / cubanoamericana / cantante / cantante cubanoamericana

   _____

   _____

4. Frida Kahlo / mexicana / pintora / pintora mexicana

   _____

   _____

**b** **Fiesta.** Completa este párrafo con los artículos definidos o indefinidos apropiados, si son necesarios.

Me gusta asistir a (1)_____ fiestas y me encanta preparar (2)_____ postres.
(3)_____ sábado próximo voy a asistir a (4)_____ fiesta y voy a preparar (5)_____
torta. Vienen (6)_____ (=aproximadamente) veinticinco personas a (7)_____ fiesta.
Debo llevar (8)_____ cierta torta de frutas que es mi especialidad. Tengo (9)_____ mil
cosas que hacer, pero (10)_____ postre va a estar listo.

**c** **Un científico.** Completa este párrafo para conocer a Luis Walter Álvarez, un científico hispano.
Presta atención porque en algunos casos debes usar la contracción **del**.

Luis Walter Álvarez es (1)_____ profesor de origen hispano que enseña en (2)_____
Universidad de California en Berkeley. En 1968 recibió (3)_____ Premio Nóbel de Física.
(4)_____ profesor Álvarez es más conocido por su teoría sobre (5)_____ desapare-
cimiento de (6)_____ dinosaurios. Según (7)_____ teoría de (8)_____ profesor
Álvarez, (9)_____ dinosaurios desaparecieron a causa de (10)_____ choque de
(11)_____ gran meteoro contra (12)_____ tierra.

## LP.3 Present Indicative: Regular Verbs

Textbook, p. G11

### Present Indicative

|  | -ar verbs | -er verbs | -ir verbs |
|---|---|---|---|
|  | comprar | vender | decidir |
| yo | compro | vendo | decido |
| tú | _____ | _____ | _____ |
| Ud., él, ella | _____ | _____ | _____ |
| nosotros(as) | _____ | _____ | _____ |
| vosotros(as) | compráis | vendéis | decidís |
| Uds., ellos, ellas | _____ | _____ | _____ |

**a** **Primer Premio Nóbel hispanoamericano.**
Para aprender sobre la poeta chilena Gabriela Mistral, completa el párrafo que sigue. Usa el presente de indicativo.

Lucila Godoy Alcayaga, más conocida como Gabriela Mistral, (1)_____ (nacer) en Chile, en el valle de Elqui, en 1889. Primero se (2)_____ (dedicar) a la enseñanza; (3)_____ (practicar) su profesión de maestra en muchas escuelas de Chile. Más tarde, (4)_____ (aceptar) cargos consulares en Europa y en América. (5)_____ (Publicar) su primer libro, *Desolación,* en 1922. En 1945 (6)_____ (recibir) el Premio Nóbel de Literatura. (7)_____ (Ser) la primera vez que alguien de Hispanoamérica (8)_____ (recibir) este premio. (9)_____ (Dejar) de existir en 1957, en un hospital de Nueva York.

**b** **Información personal.** Estás en una fiesta y hay una persona muy interesada en conocerte. ¿Cómo contestas sus preguntas?

1. ¿Dónde vives?

   _____

2. ¿Con quién vives?

   _____

3. ¿Trabajas en algún lugar? ¿Ah, sí?, ¿dónde?

   _____

4. ¿Tomas el autobús para ir a clase?

   _____

5. ¿Miras mucha o poca televisión?

   _____

6. ¿Qué tipos de libros lees?

   _____

7. ¿Qué tipos de música escuchas?

   _____

8. ... (inventen otras preguntas)

   _____

   _____

   _____

   _____

   _____

**c** **Planes.** Tú y dos amigos(as) van a pasar una semana en la Playa Juan Dolio, en la costa de la República Dominicana. Di qué planes tienen para esa semana de vacaciones.

MODELO   lunes / salir hacia la República Dominicana
   **El lunes salimos hacia la República Dominicana.**

1. martes / nadar y descansar en la playa

   _____

2. miércoles / practicar deportes submarinos

   _____

3. jueves / visitar el acuario en el Faro de Colón

   _____

4. viernes / comprar regalos para la familia

   _____

5. sábado / regresar a casa

   _____

6. domingo / descansar todo el día

   _____

**d** **Presente histórico.** Narra de nuevo la vida de Octavio Paz que aparece a continuación, esta vez usando el presente de indicativo.

Octavio Paz nació _____ en un barrio de la Ciudad de México en 1914. Se educó

_____ en la Universidad Nacional Autónoma de México. En 1933 publicó

_____ *Luna silvestre,* su primer libro de poemas. En 1937 viajó _____ a

España donde participó _____ en un congreso de escritores antifascistas. En 1943

recibió _____ una beca Guggenheim y viajó _____ a Estados Unidos;

se quedó _____ en este país dos años. A fines de 1945 entró _____ en el

servicio diplomático de México. En 1950 apareció _____ *El laberinto de la soledad,* su

libro de ensayos más famoso. En 1968 renunció _____ a su cargo de embajador en la

India. En 1981 recibió _____ el Premio Cervantes de España y en 1990 el Premio

Nóbel de Literatura.

**e** **Mi vida actual.** Describe tu situación personal en este momento.

MODELO   **Vivo en San José. Asisto a clases por la mañana y por la tarde. Una de las materias que más me fascina es la historia . . .**

_____

_____

_____

_____

_____

_____

# Unidad 1, Lección 1

## 1.1 Uses of the Verbs *ser* and *estar*

Textbook, p. G14

**a** **Los chicanos.** Completa la siguiente información acerca de los méxicoamericanos con la forma apropiada de **ser** o **estar**.

(1)_____ el grupo hispano más numeroso. Los chicanos (2)_____ en este país desde hace más de tres siglos. La población chicana (3)_____ concentrada en los estados del suroeste de EE.UU. Ésta (4)_____ una región que antes fue de México. Muchos creen que los chicanos actuales (5)_____ descendientes de los antiguos aztecas, originarios de Aztlán. Este grupo hispano (6)_____ participando activamente en la vida política del país. Aumentan cada vez más los chicanos que (7)_____ en puestos políticos importantes.

**b** **Comienzos de Adolfo Miller.** Completa la información sobre el personaje principal del cuento de Sabine Ulibarrí con la forma apropiada de **ser** o **estar**.

Adolfo Miller (1)_____ un gringo simpático y listo. Siempre (2)_____ listo para hacer todos los quehaceres que le pide don Anselmo. No (3)_____ aburrido porque siempre cuenta historias divertidas. Siempre tiene mucho trabajo que hacer; nunca (4)_____ aburrido. (5)_____ generoso, no (6)_____ interesado; (7)_____ interesado en progresar y en cumplir bien sus responsabilidades. (8)_____ ordenado y limpio; la caballeriza donde vive siempre (9)_____ limpia.

**c** **Preguntas personales.** Un(a) compañero(a) quiere saber más de ti. Responde a sus preguntas.

1. ¿De dónde es tu familia?

_____

_____

2. ¿Son pocos o muchos los miembros de tu familia?

_____

_____

3. ¿Cómo estás tú hoy?

_____

_____

4. ¿Eres pesimista u optimista?

_____

_____

5. ¿Eres realista o idealista?

_____

_____

6. ¿Estás interesado(a) en el arte chicano?

_____

_____

## 1.2 Descriptive Adjectives

Textbook,
p. G17

### Forms of Descriptive Adjectives

| | MASCULINE | FEMININE |
|---|---|---|
| SINGULAR | hispano | hispana |
| PLURAL | _____ | _____ |

### Adjectives that Change Meaning with Position

| | BEFORE THE NOUN | AFTER THE NOUN |
|---|---|---|
| antiguo | former, old | _____ |
| cierto | some, certain | _____ |
| medio | half | _____ |
| mismo | same | _____ |
| nuevo | another, different | _____ |
| pobre | pitiful, poor | _____ |
| propio | own | _____ |
| viejo | former, of old standing | _____ |

**a** **Tierra Amarilla.** Completa el texto para saber más de la vida en Tierra Amarilla durante la época de Adolfo Miller. Presta atención a la forma correcta del adjetivo que debes usar.

Tierra Amarilla es un pueblo (1)_____ (pequeño) que está en la parte

(2)_____ (norte) de Nuevo México. La gente no lleva una vida (3)_____

(agitado); lleva una vida muy (4)_____ (apacible). La mayoría de las personas tienen

trabajos (5)_____ (agrícola). Los sábados por la noche hay bailes

(6)_____ (animado) que atraen a los muchachos y muchachas (7)_____

(joven) del lugar. A veces, se forman grupos (8)_____ (alegre) donde se cuentan historias

(9)_____ (divertido).

**b** **Un escritor nuevomexicano.** Usa la información dada entre paréntesis para hablar de Sabine Ulibarrí, autor del cuento "Adolfo Miller".

MODELO   Sabine Ulibarrí tiene una _____. (carrera/distinguida/literaria)
   **Sabine Ulibarrí tiene una distinguida carrera literaria.**

1. Sabine Ulibarrí es un _____. (profesor / universitario)

2. Es también un _____. (escritor / excelente / nuevomexicano)

3. Es autor de _____. (ensayos / críticos / importantes)

4. Es un _____. (cuentista / chicano / famoso)

5. Muchos de sus cuentos están inspirados en _____. (episodios / familiares)

6. Sus historias reflejan la _____ (tradición / hispana / larga) de Nuevo México.

Manual de gramática

**c** **Continuación de la historia.** Completa el siguiente texto sobre una posible continuación de la historia de Adolfo Miller. Pon atención a la posición del adjetivo.

Muchos creen que con los $30.000 Adolfo comienza una (1)_____ (vida; nueva).

Tiene ahora su (2)_____ (rancho; propio) y cree que es dueño de su

(3)_____ (destino; propio). Ya no es el (4)_____

(muchacho; pobre) que vive con don Anselmo; pero es un (5)_____

(hombre; pobre) porque no vive con él Francisquita, su (6)_____ (amor;

gran/grande). Pasan los años y es un (7)_____ (hombre; viejo) que no

vive en el presente; vive de los recuerdos de aquellos bellos tiempos en Tierra Amarilla.

**d** **Impresiones.** Expresa tus impresiones sobre los méxicoamericanos.

MODELO  Pocos saben que los méxicoamericanos tienen una larga historia. (malo)
**Lo malo es que pocos saben que los méxicoamericanos tienen una larga historia.**

1. Los chicanos llevan mucho tiempo en EE.UU. (cierto)

_____

_____

2. La población chicana es joven. (positivo)

_____

_____

3. La edad promedio de los chicanos es de diecinueve años. (sorprendente)

_____

_____

_____

4. La cultura hispana enriquece la vida norteamericana. (bueno)

_____

_____

5. La participación política de las minorías continúa. (importante)

_____

_____

_____

# Unidad 1, Lección 2

## 1.3 Stem-changing Verbs

Textbook, p. G21

**a** **Un gringo listo.** Completa el texto en el presente para contar la vida de Adolfo Miller cuando llega a Tierra Amarilla.

Adolfo le (1)_____ (pedir) trabajo a don Anselmo. (2)_____ (Conseguir) trabajo y (3)_____ (comenzar) a hacer pequeñas tareas. (4)_____ (sentirse) como un miembro de la familia; (5)_____ (almorzar) con don Anselmo y su hija; (6)_____ (dormir) en la caballeriza. (7)_____ (Adquirir) más experiencia y (8)_____ (atender) los negocios de su patrón.

| Stem-changing Verbs | | | |
|---|---|---|---|
| | pensar | recordar | pedir |
| | e → ie | o → ue | e → i |
| yo | pienso | recuerdo | pido |
| tú | _____ | _____ | _____ |
| Ud., él, ella | _____ | _____ | _____ |
| nosotros(as) | _____ | _____ | _____ |
| vosotros(as) | pensáis | recordáis | pedís |
| Uds., ellos, ellas | _____ | _____ | _____ |

| Common Stem-changing Verbs | | |
|---|---|---|
| e → ie | o → ue | e → i (-ir verbs only) |
| cerrar | almorzar | conseguir |
| empezar | aprobar | corregir |
| nevar | contar | despedir(se) |
| recomendar | mostrar | elegir |
| | probar | medir |
| atender | sonar | reír |
| defender | volar | repetir |
| entender | | seguir |
| perder | devolver | servir |
| querer | llover | sonreír |
| | mover | vestir(se) |
| convertir | poder | |
| divertir(se) | resolver | |
| mentir | volver | |
| preferir | | |
| sentir(se) | dormir | |
| sugerir | morir | |

**b** **Almas gemelas.** Indica que eres como los hermanos Ramírez.

MODELOS Entendemos muy bien el español hablado.
**Yo también entiendo muy bien el español hablado.**
No entendemos el francés, ni hablado ni escrito.
**Yo tampoco entiendo el francés, ni hablado ni escrito.**

1. Reímos cuando contamos chistes.

_____

2. No mentimos nunca.

_____

3. Jugamos al básquetbol por las tardes.

_____

4. Elegimos cursos interesantes.

_____

5. No olemos las rosas porque sentimos comezón (*itching*) en la nariz.

_____

6. Conseguimos buenos trabajos durante el verano.

_____

7. Dormimos hasta tarde los domingos.

_____

8. No resolvemos muy rápidamente los problemas matemáticos.

**Manual de gramática**

**c** **Obra teatral.** Tu compañero(a) te hace preguntas acerca de *Zoot Suit,* una obra del Teatro Campesino que acabas de ver.

MODELO ¿Muestra esta obra la realidad de los chicanos? (sí, de algunos chicanos)
**Sí, muestra la realidad de algunos chicanos.**

1. ¿A qué hora comienza la obra? (7:00 p.m.)

   _____

2. ¿Se divierte la gente con la obra? (sí, muchísimo)

   _____

3. ¿Entienden los angloamericanos la obra? (sí, completamente)

   _____

4. ¿Se duermen los espectadores? (no)

   _____

5. ¿Se ríen los espectadores? (sí, bastante)

   _____

6. ¿Vuelven algunos espectadores a ver la obra de nuevo? (sí, varias veces)

   _____

7. ¿Recomiendas la obra a todo el mundo? (sí, sin reserva)

   _____

## 1.4 Verbs with Spelling Changes and Irregular Verbs

Textbook, p. G23

**Verbs with Irregular Forms**

|  | decir | estar | ir | oír | ser | tener | venir |
|---|---|---|---|---|---|---|---|
| yo | digo | estoy | voy | oigo | soy | tengo | vengo |
| tú | ____ | ____ | ____ | ____ | ____ | ____ | ____ |
| Ud., él, ellas | ____ | ____ | ____ | ____ | ____ | ____ | ____ |
| nosotros(as) | ____ | ____ | ____ | ____ | ____ | ____ | ____ |
| vosotros(as) | decís | estáis | vais | oís | sois | tenéis | venís |
| Uds., ellos, ellas | ____ | ____ | ____ | ____ | ____ | ____ | ____ |

**a** **Retrato de un puertorriqueño.** Walter nos habla de su vida. Completa lo que dice con la forma apropiada del verbo que aparece entre paréntesis.

Me llamo Walter Martínez. (1)_____ (ser) puertorriqueño. Como todo puertorriqueño,

yo (2)_____ (tener) ciudadanía estadounidense. (3)_____ (vivir) ahora en Nueva

York, pero (4)_____ (ir) con frecuencia a San Juan, donde (5)_____ (estar) mi

familia. Me (6)_____ (mantener) en contacto con mis parientes y amigos de la isla.

Aquí en Nueva York (7)_____ (conocer) a muchos amigos de San Juan con quienes

(8)_____ (salir) a menudo. Los fines de semana me (9)_____ (distraer)

escuchando música y bailando salsa en una discoteca.

Copyright © McDougal Littell, Inc.

**b** **Somos individualistas.** Cada uno de los miembros de la clase menciona algo especial acerca de sí mismo(a). ¿Qué dicen?

MODELO   pertenecer al Club de Español   **Pertenezco al Club de Español.**

1. traducir del español al francés

   _____

2. saber hablar portugués

   _____

3. construir barcos en miniatura

   _____

4. dar lecciones de guitarra

   _____

5. distinguir el acento de los cubanos y de los puertorriqueños

   _____

6. conducir un Toyota de 1985

   _____

7. componer canciones de amor

   _____

8. satisfacer a mis profesores en mis clases

   _____

9. reconocer de dónde son muchas personas por su modo de hablar

   _____

10. convencer a mis compañeros en nuestros debates

   _____

**c** **Club Latino.** Contesta las preguntas que te hace un(a) amigo(a) que quiere informarse acerca del Club Latino.

MODELO   ¿Dónde se reúne el Club Latino? (Centro Estudiantil)
         **Generalmente nos reunimos en el Centro Estudiantil.**

1. ¿Eres miembro del Club Latino? (sí)

   _____

2. ¿Quién dirige el club este año? (yo)

   _____

3. ¿Cuántos miembros tiene el club? (cerca de cuarenta)

   _____

4. ¿Se reúnen todas las semanas? (no, todos los meses)

   _____

5. ¿Atraen a estudiantes angloamericanos? (sí, a muchos)

   _____

6. ¿Traen a conferenciantes hispanos? (sí, dos o tres cada año)

   _____

7. ¿Dónde anuncian las actividades del club? (periódico universitario)

   _____

8. ¿Qué se proponen con el club? (mejor conocimiento de la cultura hispana)

   _____

**Unidad 1, Lección 2**   121

# Unidad 1, Lección 3

## 1.5 Demonstrative Adjectives and Pronouns

Textbook, p. G26

### Demonstrative Adjectives

| | near | | not too far | | far | |
|---|---|---|---|---|---|---|
| | *this* | *these* | *that* | *those* | *that* | *those* |
| | SINGULAR | PLURAL | SINGULAR | PLURAL | SINGULAR | PLURAL |
| MASCULINE | este | _____ | ese | _____ | aquel | _____ |
| FEMININE | _____ | _____ | _____ | _____ | _____ | _____ |

### Demonstrative Pronouns

| | *this (one)* | *these (ones)* | *that (one)* | *those (ones)* | *that (one)* | *those (ones)* |
|---|---|---|---|---|---|---|
| | SINGULAR | PLURAL | SINGULAR | PLURAL | SINGULAR | PLURAL |
| MASCULINE | éste | _____ | ése | _____ | aquél | _____ |
| FEMININE | _____ | _____ | _____ | _____ | _____ | _____ |
| NEUTER | _____ | _____ | _____ | _____ | _____ | _____ |

**a** **Decisiones, decisiones.** Estás en una tienda de comestibles junto a Tomás Ibarra, el dueño. Él siempre te pide que decidas qué producto vas a comprar.

MODELO ¿Deseas estos aguacates o aquéllos?
**Deseo aquéllos. o Deseo éstos.**

1. ¿Quieres esas tortillas o aquéllas?

_____

2. ¿Te vas a llevar aquellos frijoles o éstos?

_____

3. ¿Vas a comprar estos limones o ésos?

_____

4. ¿Prefieres esos chiles verdes o aquéllos?

_____

5. ¿Te doy estos jitomates o ésos?

_____

**b** **Sin opinión.** Tu compañero(a) contesta de modo muy evasivo tus preguntas.

MODELO ¿Qué opinas de la economía nacional? (complicado; no entender mucho)
**Eso es complicado. No entiendo mucho de eso (acerca de eso).**

1. ¿Crees que Puerto Rico se va a independizar de EE.UU.? (controvertido; no saber mucho)

_____

2. ¿Crees que los chicanos son descendientes de los aztecas? (discutible; no comprender mucho)

_____

3. ¿Qué sabes de los sudamericanos en Nueva York? (complejo; no estar informado/a)

_____

4. ¿Van a controlar la inmigración ilegal? (difícil; no entender)

_____

## 1.6 Comparatives and Superlatives   | Textbook, p. G29 |

### Comparisons of Inequality

$$\_\_\_\_ + \begin{Bmatrix} \text{adjective} \\ \text{adverb} \\ \text{noun} \end{Bmatrix} + \_\_\_\_$$

verb + _____

### Comparisons of Equality

$$\_\_\_\_ + \begin{Bmatrix} \text{adjective} \\ \text{adverb} \end{Bmatrix} + \_\_\_\_$$

_____ + noun + _____

verb + _____

### Superlatives

_____ + noun + _____ + adjective + _____

### Spelling Changes with *-ísimo*

| | | | |
|---|---|---|---|
| final vowel is dropped | alto | → | **altísimo** |
| written accent is dropped | fácil | → | _____ |
| *-ble* becomes *-bil-* | amable | → | _____ |
| *c* becomes *qu* | loco | → | _____ |
| *g* becomes *gu* | largo | → | _____ |
| *z* becomes *c* | feroz | → | _____ |

### Comparative and Superlative Forms of *bueno* and *malo*

| COMPARATIVE | | SUPERLATIVE | |
|---|---|---|---|
| REGULAR | IRREGULAR | REGULAR | IRREGULAR |
| más bueno(a) | mejor | el (la) más bueno(a) | el (la) mejor |
| más buenos (as) | _____ | _____ | _____ |
| más malo(a) | peor | _____ | _____ |
| más malos (as) | _____ | _____ | _____ |

### Comparative and Superlative Forms of *grande* and *pequeño*

| COMPARATIVE | | SUPERLATIVE | |
|---|---|---|---|
| REGULAR | IRREGULAR | REGULAR | IRREGULAR |
| más grande | mayor | _____ | _____ |
| más grandes | | _____ | _____ |
| más pequeño(a) | menor | _____ | _____ |
| más pequeños(as) | _____ | _____ | _____ |

**a**   **Dos estados del Suroeste.** Lee las estadísticas que siguen acerca de Arizona y Colorado y contesta las preguntas que aparecen a continuación.

| ESTADO | ÁREA (MILLAS CUADRADAS) | POBLACIÓN (1991) | HISPANOS (%) | INGRESO PER CAPITA | INGRESOS POR TURISMO |
|---|---|---|---|---|---|
| **Arizona** | 114.000 | 3.749.693 | 19 | $16.401 | $5.600.000.000 |
| **Colorado** | 104.091 | 3.376.669 | 13 | $19.440 | $5.600.000.000 |

1. ¿Cuál estado es más grande?

_____

2. ¿Cuál estado tiene más habitantes?

_____

3. ¿En qué estado hay menos hispanos?

_____

4. ¿En qué estado ganan las personas menos dinero como promedio (*average*)?

_____

5. ¿Gastan más dinero los turistas en Colorado que en Arizona?

_____

_____

**b** **Hispanos en Estados Unidos.** Lee las estadísticas que aparecen a continuación y contesta las preguntas que siguen.

| MINORÍA HISPANA | POBLACIÓN (1990) | CUATRO O MÁS AÑOS DE EDUCACIÓN UNIVERSITARIA | MENOS DE DOCE AÑOS DE ESCOLARIDAD | NEGOCIOS POR CADA 1000 PERSONAS |
|---|---|---|---|---|
| Chicanos | 13.495.938 | 6 % | 56 % | 19 |
| Puertorriqueños | 2.727.754 | 10 % | 42 % | 11 |
| Cubanos | 1.043.932 | 19 % | 39 % | 63 |

1. ¿Cuál es el grupo hispano más numeroso?

_____

2. ¿Cuál es el grupo hispano con la menor población?

_____

3. ¿Qué grupo hispano tiene más personas con educación universitaria?

_____

4. ¿Cuál es el grupo hispano con el más alto porcentaje de personas que terminan la educación secundaria?

_____

_____

5. ¿Cuál es el grupo hispano con menor escolaridad?

_____

6. ¿Cuál es el grupo hispano más activo en los negocios?

_____

7. De todos los grupos hispanos, ¿cuál tiene menos negocios que los otros?

_____

**c** **Disciplinas.** Los estudiantes dan su opinión acerca de las materias que estudian. Atención: el símbolo "=" indica una comparación de igualdad; "+", una comparación de superioridad y "–", una comparación de inferioridad.

MODELO  matemáticas / = difíciles / física
**Para mí las matemáticas son tan difíciles como la física.**

1. antropología / + interesante / ciencias políticas

_____

2. química / = complicada / física

_____

3. historia / – aburrida / geografía

_____

4. literatura inglesa / + fácil / filosofía

_____

5. psicología / = fascinante / sociología

_____

6. español / – difícil / alemán

_____

7. biología / + entretenida / informática

_____

# Unidad 2, Lección 1

## 2.1 Preterite: Regular Verbs

Textbook, p. G34

| Preterite of Regular Verbs | | | |
|---|---|---|---|
| | *-ar* verbs | *-er* verbs | *-ir* verbs |
| | preparar | comprender | recibir |
| yo | preparé | comprendí | recibí |
| tú | _____ | _____ | _____ |
| Ud., él, ella | _____ | _____ | _____ |
| nosotros(as) | _____ | _____ | _____ |
| vosotros(as) | preparasteis | comprendisteis | recibisteis |
| Uds., ellos, ellas | _____ | _____ | _____ |

**a** **Lectura.** Usa el pretérito para completar la siguiente narración acerca de la historia que leyó un estudiante.

Ayer (1)_____ (llegar/yo) a casa un poco antes de las seis. Después de cenar,

(2)_____ (buscar) mi libro de español. (3)_____ (Comenzar) a leer.

(4)_____ (Leer) la aventura de los molinos de don Quijote. Este caballero andante

(5)_____ (creer) ver unos gigantes en el campo, pero su escudero Sancho Panza sólo

(6)_____ (ver) unos molinos de viento y (7)_____ (tratar) de corregir a su amo.

Don Quijote no (8)_____ (escuchar) las palabras de Sancho. Montado en su caballo

Rocinante, (9)_____ (correr) hacia los molinos y los (10)_____ (atacar).

Pero (11)_____ (caer) al suelo cuando el viento (12)_____ (agitar) las

aspas de los molinos. (13)_____ (Reír/yo) un poco con la aventura, pero también me

(14)_____ (causar) un poco de pena el caballero.

**b** **Hacer la tarea de nuevo.** Tu profesor(a) te pide que escribas de nuevo la tarea acerca de los primitivos habitantes de la península ibérica. Esta vez quiere que emplees el pretérito en vez del presente histórico.

Muchos pueblos pasan _____ por el territorio español. Antes del siglo XI a.C., los

fenicios se instalan _____ en el sur del país. Hacia el siglo VII llegan

_____ los griegos, quienes fundan _____ varias colonias. En el año

206 a.C. comienza _____ la dominación romana. Los romanos gobiernan

_____ el país por más de seis siglos. Le dan _____ al país su

lengua; construyen _____ anfiteatros, puentes y acueductos; establecen

_____ un sistema legal y contribuyen _____ al

florecimiento cultural del país.

Manual de gramática

**c** **Semestre en Sevilla.** Contesta las preguntas que te hace un(a) amigo(a) acerca del semestre que pasaste en Sevilla.

MODELO ¿Cuánto tiempo viviste en Sevilla? (cinco meses) **Viví allí cinco meses.**

1. ¿Cuándo llegaste a Sevilla? (en septiembre)

_____

2. ¿Con quién viviste? (con una familia)

_____

3. ¿Qué día comenzaste las clases? (el lunes 15 de septiembre)

_____

4. ¿Qué materias estudiaste? (la literatura medieval, la historia de España)

_____

5. ¿Conociste a jóvenes españoles de tu edad? (sí, a varios)

_____

6. ¿Te gustó tu estadía en Sevilla? (sí, muchísimo)

_____

7. ¿Visitaste otras ciudades? (sí; Granada, Córdoba y Madrid)

_____

8. ¿Influyó en tu vida esta experiencia? (sí, bastante)

_____

## 2.2 Direct and Indirect Object Pronouns and the Personal *a*

Textbook, p. G36

### Object Pronouns

| DIRECT | INDIRECT |
| --- | --- |
| me | _____ |
| te | _____ |
| lo / la | _____ |
| nos | _____ |
| os | **os** |
| los / las | _____ |

### Object Pronouns and the Personal *a*

| | DIRECT OBJECT NOUN | DIRECT OBJECT PRONOUN |
| --- | --- | --- |
| I saw … (what?) | *I saw the movie.* <br> Vi **la película.** | *I saw it.* |
| I saw … (whom?) | *I saw the actor.* <br> Vi **al actor.** | *I saw him.* <br> _____ |

| | INDIRECT OBJECT NOUN | INDIRECT OBJECT PRONOUN |
| --- | --- | --- |
| I spoke … (to whom?) | *I spoke to the actress.* <br> Hablé **a la actriz.** | *I spoke to her.* <br> _____ |

**a** **Ausente.** Como no asististe a la última clase de Historia de España, tus compañeros te cuentan lo que pasó.

MODELO profesor / hablarnos de la civilización musulmana
**El profesor nos habló de la civilización musulmana.**

1. profesor / entregarnos el último examen

_____

2. dos estudiantes / mostrarnos fotos de Córdoba

_____

3. profesor / explicarnos la importancia de la cultura árabe en España

_____

4. Rubén / contarle a la clase su visita a Granada

_____

5. unos estudiantes / hablarle a la clase de la arquitectura árabe

_____

## ¡DIME! MUNDO 21

**b** **Estudios.** Contesta las preguntas que te hace un(a) amigo(a) acerca de tus estudios.

MODELO  ¿Te aburren las clases de historia?
Sí, (a mí) me aburren esas clases. o
No, (a mí) no me aburren esas clases. Me fascinan esas clases.

1. ¿Te interesan las clases de ciencias naturales?

_____

2. ¿Te parecen importantes las clases de idiomas extranjeros?

_____

3. ¿Te es difícil memorizar información?

_____

4. ¿Te falta tiempo siempre para completar tus tareas?

_____

5. ¿Te cuesta mucho trabajo obtener buenas notas?

_____

**c** **Trabajo de jornada parcial.** Han entrevistado a tu amiga para un trabajo en la oficina de unos abogados. Un amigo quiere saber si ella obtuvo ese trabajo.

MODELO  ¿Cuándo entrevistaron a tu amiga? (el lunes pasado)  **La entrevistaron el lunes pasado.**

1. ¿Le pidieron recomendaciones? (sí) _____

2. ¿Le sirvieron sus conocimientos de español? (sí, mucho) _____

3. ¿Le dieron el trabajo? (sí) _____

4. ¿Cuándo se lo dieron? (el jueves) _____

5. ¿Cuánto le van a pagar por hora? (ocho dólares) _____

6. ¿Conoce a su jefe? (no) _____

7. ¿Por qué quiere trabajar con abogados? (fascinarle las leyes) _____

**d** **El edicto de 1492.** Usando el presente histórico, narra un momento de intolerancia religiosa en la historia de España.

MODELO  un gran número de judíos / habitar / España **Un gran número de judíos habitan España.**
muchos / admirar / los judíos **Muchos admiran a los judíos.**

1. Fernando e Isabel, los Reyes Católicos / gobernar / el país

_____

2. en general, la gente / admirar y respetar / los Reyes

_____

3. por razones de intolerancia religiosa algunos / no querer / los judíos

_____

4. los Reyes / firmar / un edicto el 31 de marzo de 1492

_____

5. el edicto / expulsar de España / todos los judíos

_____

6. los judíos / abandonar / su patria / y / dispersarse por el Mediterráneo

_____

# Unidad 2, Lección 2

**2.3  Preterite: Stem-changing and Irregular Verbs**

Textbook, p. G40

## Stem-changing Verbs

|                   | sentir      | pedir      | dormir      |
|-------------------|-------------|------------|-------------|
|                   | e → i       | e → i      | o → u       |
| yo                | sentí       | pedí       | dormí       |
| tú                | _____  | _____ | _____  |
| Ud., él, ella     | _____  | _____ | _____  |
| nosotros(as)      | _____  | _____ | _____  |
| vosotros(as)      | sentisteis  | pedisteis  | dormisteis  |
| Uds., ellos, ellas| _____  | _____ | _____  |

## Irregular Verbs

| Verb    | -u- and -i- Stems | Endings |          |
|---------|-------------------|---------|----------|
| andar   | anduv -           |         |          |
| caber   | cup -             |         |          |
| estar   | estuv -           |         |          |
| haber   | hub -             | -e      | -imos    |
| poder   | pud -             | -iste   | -isteis  |
| poner   | pus -             | -o      | -ieron   |
| querer  | quis -            |         |          |
| saber   | sup -             |         |          |
| tener   | tuv -             |         |          |
| venir   | vin -             |         |          |
| **Verb**| **-j- Stems**     | **Endings** |      |
| decir   | dij -             | -e      | -imos    |
| producir| produj -          | -iste   | -isteis  |
| traer   | traj -            | -o      | -eron    |

## Irregular Verbs

|                   | dar       | hacer      | ir / ser   |
|-------------------|-----------|------------|------------|
| yo                | di        | hice       | fui        |
| tú                | _____ | _____ | _____ |
| Ud., él, ella     | _____ | _____ | _____ |
| nosotros(as)      | _____ | _____ | _____ |
| vosotros(as)      | disteis   | hicisteis  | fuisteis   |
| Uds., ellos, ellas| _____ | _____ | _____ |

**a**  **Mala noche.** Tú les cuentas a tus padres lo que te contó un amigo.

MODELO  *Amigo:* Dormí mal la noche anterior.
    *Tú:*    **Durmió mal la noche anterior.**

—Dormí _____ mal la noche anterior. Dormí _____ muy pocas horas. Me desperté _____ temprano. Me vestí _____ rápidamente. Preferí _____ tomar el desayuno en el café de enfrente. Pedí _____ café con leche y pan tostado. Después de comer, me sentí _____ mejor. Luego, pedí _____ la cuenta. Me despedí _____ del camarero.

**b** **Fecha clave.** Completa la siguiente información acerca de la importancia del año 1492 en la historia de España usando el pretérito.

El año 1492 es muy importante en la historia de España. Ese año los árabes

(1)_____ (ser) derrotados en la batalla de Granada; así (2)_____ (terminar) la dominación árabe que (3)_____ (durar) casi ocho siglos. Ese año el pueblo judío (4)_____ (ser) expulsado de España; esta comunidad (5)_____ (repartirse) por el Mediterráneo, pero nunca (6)_____ (olvidar) sus raíces hispanas y tampoco (7)_____ (perder) su lengua, el sefardí o judeo-español, idioma de base española. Ese mismo año Cristóbal Colón (8)_____ (salir) del puerto de Palos y

(9)_____ (llegar) a las Antillas; América (10)_____ (incorporarse) al reino español, lo cual (11)_____ (aumentar) las riquezas de España.

**c** **Museo interesante.** Una amiga escribe en su diario las impresiones de su visita al Centro de Arte Reina Sofía (CARS). Completa este fragmento usando el pretérito.

Unos amigos me (1)_____ (decir): "Debes visitar el CARS". Yo me (2)_____ (proponer) hacer la visita el martes pasado, pero no (3)_____ (poder), porque

(4)_____ (tener) muchas otras cosas que hacer ese día. Finalmente, el jueves

(5)_____ (ir) al museo. Lo primero que (6)_____ (hacer)

(7)_____ (ser) ir a la sala central. (8)_____ (Ver) por mí misma el *Guernica* de Picasso. (9)_____ (saber) por qué le gusta tanto a la gente.

(10)_____ (Querer) quedarme más tiempo, pero no (11)_____

(poder). Como recuerdo le (12)_____ (traer) a mi padre un libro sobre la historia de ese cuadro famoso.

**d** **Lucha entre hermanos.** En la siguiente información acerca de la Guerra Civil Española, cambia el presente histórico al pretérito.

La guerra civil es _____ uno de los acontecimientos más traumáticos en la historia reciente de España. Comienza _____ en 1936 y concluye _____ casi tres años más tarde, en 1939. Sus antecedentes inmediatos empiezan _____ en 1931. Ese año, después que los republicanos obtienen _____ la victoria en las elecciones municipales, el rey Alfonso XIII abandona _____ España, sin abdicar. A continuación se proclama _____ la república. En 1936, el general Francisco Franco se rebela _____ contra el gobierno republicano. Se inicia _____ así una confrontación que opone _____ a los nacionalistas contra los republicanos. Los nacionalistas vencen _____ y el general Franco se convierte _____ en el nuevo jefe de gobierno. Gobierna _____ España con mano de hierro hasta 1975.

## 2.4 *Gustar* and Similar Constructions

**a** **Gustos.** Tú y tus amigos hablan de sus gustos personales.

Textbook, p. G44

| | Gustar | |
|---|---|---|
| **Indirect Object** | **Verb** | **Subject** |
| Me | gustan | los cuadros de Picasso. |
| **Subject** | **Verb** | **Direct Object** |
| I | like | Picasso's paintings. |

MODELO   gustar / viajar a otros países
**A mí me gusta viajar a otros países.**

1. fascinar / los bailes folklóricos españoles _____

_____

2. agradar / leer acerca de la civilización romana _____

_____

3. gustar / ir a fiestas con mis amigos _____

4. interesar / la fotografía _____

5. encantar / las películas de amor _____

**b** **Cine español.** Tú y tus amigos hacen comentarios acerca del cine español.

MODELO   a todo el mundo / fascinar las películas de Buñuel
**A todo el mundo le fascinan las películas de Buñuel.**

1. a algunos / encantar las películas de Pedro Almodóvar

_____

2. a otros / ofender Almodóvar

_____

3. a los norteamericanos / agradar el cine de Almodóvar

_____

4. a mí / disgustar algunas películas de Buñuel

_____

5. a mucha gente / encantar los temas gitanos de Carlos Saura

_____

**c** **Picasso y el *Guernica*.** Una amiga tuya entiende mucho de pintura. Tú le haces algunas preguntas.

MODELO   ¿Por qué te interesa Picasso? (por su gran originalidad)
**Me interesa por su gran originalidad.**

1. ¿Le dolió a Picasso el bombardeo de Guernica? (sí, mucho)

_____

2. Le indignó también, ¿verdad? (sí, por supuesto, enormemente)

_____

3. ¿Cuánto tiempo le tomó terminar el *Guernica*? (un poco más de un mes)

_____

4. ¿Le gustó a la gente el *Guernica*? (sí, y todavía gusta)

_____

5. ¿Qué otros cuadros de Picasso te agradan? (los cuadros del período azul)

_____

# Unidad 2, Lección 3

● **2.5 Imperfect** | Textbook, p. G46

| Imperfect Tense | | |
| --- | --- | --- |
| | *-ar* verbs | *-er* verbs | *-ir* verbs |
| | ayudar | aprender | escribir |
| yo | ayudaba | aprendía | escribía |
| tú | _____ | _____ | _____ |
| Ud., él, ella | _____ | _____ | _____ |
| nosotros(as) | _____ | _____ | _____ |
| vosotros(as) | ayudabais | aprendíais | escribíais |
| Uds., ellos, ellas | _____ | _____ | _____ |

**a** **Periodista.** Completa la descripción de un periodista que vio la manifestación de apoyo a los republicanos españoles en París.

El año 1937 yo (1)_____ (estar) en París. (2)_____ (Vivir) en el Barrio

Latino. El sábado 11 de mayo hubo una manifestación. Durante la manifestación yo

(3)_____ (marchar) junto con obreros, artistas, estudiantes, profesionales y otras

personas. (4)_____ (Ser/nosotros) miles y miles y miles de manifestantes; todos

nosotros (5)_____ (apoyar) la causa de la república española.

(6)_____ (Caminar) hacia la Plaza de la Bastilla. (7)_____

(Cantar), (8)_____ (gritar) y en general (9)_____ (protestar) con-

tra el bombardeo de Guernica cometido (10)_____ (hacer) cinco días.

**b** **Un barrio de Madrid.** Completa la siguiente descripción del barrio madrileño de Argüelles que aparece en el poema "Explico algunas cosas" del chileno Pablo Neruda, quien vivía en España durante la Guerra Civil Española.

Yo (1)_____ (vivir) en un barrio

de Madrid, con campanas,

con relojes, con árboles.

Desde allí se (2)_____ (ver)

el *rostro* seco de Castilla                                    *face, surface*

como un océano de *cuero.*                                  *leather*

Mi casa (3)_____ (ser) llamada

la casa de las flores, porque por todas partes

(4)_____ (*estallar*) geranios: (5)_____ (ser)      *to burst out*

una bella casa

con perros y *chiquillos.*                                       *kids*

Manual de gramática

**c** **Al teléfono.** Di lo que hacías tú y los miembros de tu familia cuando recibieron una llamada telefónica.

MODELO **Mi perro miraba la televisión en el cuarto de mi hermano.**

| | | | | | |
|---|---|---|---|---|---|
| **1.** hermanita | **3.** papá | **5.** yo | | | |
| **2.** hermano | **4.** mamá | **6.** gato | | | |

1. _____

2. _____

3. _____

4. _____

5. _____

6. _____

**d** **Un semestre como los otros.** Di lo que hacías de costumbre el semestre pasado.

MODELO estudiar todas las noches **Estudiaba todas las noches.**

1. poner mucha atención en la clase de español

   _____

2. asistir a muchos partidos de básquetbol

   _____

3. ir a dos clases los martes y jueves

   _____

4. leer en la biblioteca

   _____

5. no tener tiempo para almorzar a veces

   _____

6. trabajar los fines de semana

   _____

7. estar ocupado(a) todo el tiempo

   _____

## ¡DIME! MUNDO 21

**2.6  The Infinitive**  | Textbook, p. G48 |

| Uses of the Infinitive | | |
|---|---|---|
| **Verb + *a* + Infinitive** | **Verb + *de* + Infinitive** | **Verb + *con* + Infinitive** |
| aprender a | acabar de *(to have just)* | contar con *(to count on)* |
| ayudar a *(to help)* | acordarse de *(to remember)* | soñar con *(to dream of)* |
| comenzar a | dejar de *(to fail, to stop)* | |
| decidirse a | quejarse de *(to complain)* | **Verb + *en* + Infinitive** |
| empezar a | tratar de *(to try to, attempt to)* | pensar en *(to think about)* |
| enseñar a | tratarse de *(to be about)* | insistir en |
| volver a *(to do [an action] again)* | | |

**a**  **Valores.** Tú y tus amigos mencionan valores que son importantes.

MODELO  importante / tener objetivos claros
**Es importante tener objetivos claros.**

1. esencial / respetar a los amigos

_____

2. necesario / seguir sus ideas

_____

3. indispensable / tener una profesión

_____

4. fundamental / luchar por sus ideales

_____

5. bueno / saber divertirse

_____

**b**  **Letreros.** Trabajas en un museo y tu jefe te pide que prepares nuevos letreros *(signs)*, esta vez usando mandatos impersonales.

MODELO  No abra esta puerta.  **No abrir esta puerta.**

1. No haga ruido. _____

2. Guarde silencio. _____

3. No toque los muebles. _____

4. No fume. _____

5. No saque fotografías en la sala. _____

**c** **Opiniones.** Tú y tus amigos expresan diversas opiniones acerca de la guerra.

MODELO todos nosotros / tratar / evitar las guerras
**Todos nosotros tratamos de evitar las guerras.**

1. los pueblos / necesitar / entenderse mejor

_____

2. el fanatismo / ayudar / prolongar las guerras

_____

3. todo el mundo / desear / evitar las guerras

_____

4. la gente / soñar / vivir en un mundo sin guerras

_____

5. los diplomáticos / tratar / resolver los conflictos

_____

6. los fanáticos / insistir / imponer un nuevo sistema político

_____

7. la gente / aprender / convivir en situaciones difíciles durante una guerra

_____

**d** **Robo.** Algunas personas han presenciado el robo al Banco de Santander y comentan lo que vieron o escucharon al entrar o al salir del banco.

MODELO ver a los sospechosos
**Vi a los sospechosos al entrar en el banco.** o
**Al salir del banco vi a los sospechosos.**

1. ver a dos hombres con máscaras

_____

_____

2. escuchar unos ruidos extraños

_____

_____

3. oír a alguien que gritaba: "¡Quietos todos!"

_____

_____

4. notar a un hombre que corría hacia la salida

_____

_____

5. reconocer el vehículo en que los hombres huían

_____

_____

# Unidad 3, Lección 1

## 3.1 Preterite and Imperfect: Completed and Background Actions

Textbook, p. G51

**a** **De viaje.** Tu amigo(a) te pide que le digas cómo te sentías la mañana de tu viaje a México.

MODELO   sentirse entusiasmado(a)
**Me sentía muy entusiasmado(a).**

1. estar inquieto(a)

_____

2. sentirse un poco nervioso(a)

_____

3. caminar de un lado para otro en el aeropuerto

_____

4. querer estar ya en la Ciudad de México

_____

5. no poder creer que salía hacia México

_____

6. esperar poder usar mi español

_____

7. tener miedo de olvidar mi cámara

_____

**b** **Sumario.** Cuenta tu primer día en la Ciudad de México.

MODELO   llegar a la Ciudad de México a las cuatro de la tarde
**Llegué a la Ciudad de México a las cuatro de la tarde.**

1. pasar por la aduana

_____

2. llamar un taxi para ir al hotel

_____

3. decidir no deshacer las maletas todavía

_____

4. salir a dar un paseo por la Zona Rosa

_____

5. sentirse muy cansado(a) después de una hora

_____

6. regresar al hotel

_____

7. dormir hasta el día siguiente

_____

Manual de gramática

**C** **Mito.** Completa la siguiente narración para descubrir el mito de cómo fue fundada la Ciudad de México.

Los aztecas (1)_____ (buscar) un sitio donde establecerse. Un día, en el año 1325, mientras (2)_____ (pasar) por el lago Texcoco, (3)_____ (ver) un espectáculo impresionante. Encima de un cactus llamado nopal (4)_____ (haber) un águila con las alas extendidas. (5)_____ (Tener) en su pico una serpiente que todavía se (6)_____ (mover). Los jefes (7)_____ (decidir) que ése (8)_____ (ser) el signo anunciado por los profetas antiguos y allí (9)_____ (fundar) la ciudad de Tenochtitlán.

**d** **México colonial.** Completa la siguiente narración sobre la época colonial en México.

La época colonial en México (1)_____ (durar) tres siglos: (2)_____ (comenzar) en 1521 y (3)_____ (terminar) en 1821. En ese tiempo, México (4)_____ (formar) parte del Virreinato de la Nueva España y (5)_____ (ser) una de las regiones más ricas del imperio español, pues (6)_____ (haber) mucho oro y plata que se (7)_____ (enviar) a España. Hacia el fin del período, las luchas entre los gachupines y los criollos (8)_____ (terminar) con la victoria de los criollos, quienes (9)_____ (declarar) la independencia del país en 1821.

## 3.2 Possessive Adjectives and Pronouns

Textbook, p. G53

| Short form: Adjectives | | Long form: Adjectives/Pronouns | |
|---|---|---|---|
| SINGULAR | PLURAL | SINGULAR | PLURAL |
| mi | _____ | mío(a) | _____ |
| tu | _____ | tuyo(a) | _____ |
| su | _____ | suyo(a) | _____ |
| nuestro(a) | _____ | nuestro(a) | _____ |
| vuestro(a) | vuestros(as) | vuestro(a) | vuestros(as) |
| su | _____ | suyo(a) | _____ |

**a** **¿El peor?** Compartes tu cuarto con un hermano. Los dos son bastante desordenados. ¿Quién es el peor?

MODELO libros (de él) / estar por el suelo
**Sus libros están por el suelo.**

1. sillón (de él) / estar cubierto de manchas

_____

2. calcetines (míos) / estar por todas partes

_____

3. pantalones (de él) / aparecer en la cocina

_____

4. álbum de fotografías (mío) / estar sobre su cama

_____

5. zapatos (de él) / aparecen al lado de los míos

_____

### b Opiniones opuestas. Tu compañero(a) contradice cada afirmación que tú haces.

MODELO   Todos quieren resolver los problemas ecológicos.
**Nadie quiere resolver los problemas ecológicos.**

1. Siempre se va a encontrar solución a un conflicto.

_____

2. Un gobernante debe consultar con todos.

_____

3. La economía ha mejorado algo.

_____

4. El gobierno debe conversar con todos los grupos políticos.

_____

5. Ha habido algunos avances en la lucha contra el narcotráfico.

_____

## 3.4 Preterite and Imperfect: Simultaneous and Recurrent Actions

Textbook, p. G58

| Verb | Imperfect | Preterite |
|------|-----------|-----------|
| conocer | to know | to meet (first time) |
| poder | to be able to | to manage |
| querer | to want | to try (affirmative); to refuse (negative) |
| saber | to know | to find out |

### a Último día. Explica lo que hiciste el último día de tu estadía en Guatemala.

MODELO   salir del hotel después del desayuno

2. comprar regalos para mi familia y mis amigos

_____

3. tomar mucho tiempo en encontrar algo apropiado

_____

4. pasar tres horas en total haciendo compras

_____

5. regresar al hotel

_____

6. hacer las maletas rápidamente

_____

7. llamar un taxi

_____

8. ir al aeropuerto

_____

**b** **Verano guatemalteco.** Le cuentas a tu compañero(a) lo que tú y tus amigos hacían el verano pasado cuando estudiaban en Antigua, Guatemala.

MODELO   ir a clases por la mañana
**Íbamos a clases por la mañana.**

1. vivir con una familia guatemalteca

_____

_____

2. regresar a casa a almorzar

_____

_____

3. por las tardes, pasear por la ciudad

_____

_____

4. a veces ir de compras

_____

_____

5. de vez en cuando cenar en restaurantes típicos

_____

_____

6. algunas noches ir a bailar a alguna discoteca

_____

_____

7. salir de excursión los fines de semana

_____

_____

**c** **Arte mural.** Completa la historia con la forma del verbo más apropiado para saber del arte mural en una ciudad norteamericana.

Hasta hace poco yo no (1)_____ (sabía-supe) nada de pinturas murales. Pero la

semana pasada (2)_____ (aprendía-aprendí) mucho durante una corta visita que

(3)_____ (hacía-hice) a San Francisco. Cuando alguien me (4)_____

(decía-dijo) que (5)_____ (había-hubo) pinturas murales en el barrio de la calle

*Mission,* de inmediato (6)_____ (quería-quise) verlas. Afortunadamente, durante una

tarde libre, (7)_____ (podía-pude) por fin admirar los murales. (8)_____

(Veía-Vi) paredes y más paredes con pinturas de colores brillantes que (9)_____

(contaban-contaron) la historia de los latinos. (10)_____ (Sabía-Supe) entonces que el

arte mural es un arte vivo, que forma parte de la experiencia diaria de esa comunidad.

**d** **Sábado.** Los miembros de la clase dicen lo que hacían el sábado por la tarde.

MODELO estar en el centro comercial / ver a mi profesor de historia
**Cuando (Mientras) estaba en el centro comercial, vi a mi profesor de historia.**

1. mirar un partido de básquetbol en la televisión / llamar por teléfono mi abuela
_____
_____
_____

2. preparar un informe sobre el Premio Nóbel / llegar unos amigos a visitarme
_____
_____
_____

3. escuchar mi grupo favorito de rock / los vecinos pedirme que bajara el volumen
_____
_____
_____

4. andar de compras en el supermercado / encontrarme con unos viejos amigos
_____
_____
_____

5. caminar por la calle / ver un choque entre una motocicleta y un automóvil
_____

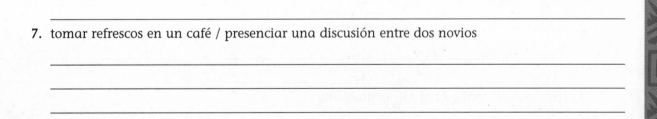

_____
_____

7. tomar refrescos en un café / presenciar una discusión entre dos novios
_____
_____
_____

# Unidad 3, Lección 3

**3.5** **The Prepositions *para* and *por***  | Textbook, p. G60 |

**a** **Admiración.** ¿Por qué los guatemaltecos admiran a Rigoberta Menchú?

MODELO  infatigable labor
**La admiran por su infatigable labor.**

1. obra en favor de los indígenas

_____

2. defensa de los derechos humanos

_____

3. valentía

_____

4. activismo político

_____

5. espíritu de justicia social

_____

6. lucha contra la discriminación

_____

**b** **Planes.** Menciona algunos planes generales del gobierno guatemalteco para resolver algunos de los problemas del país.

MODELO  planes: controlar la inflación
**El gobierno ha propuesto nuevos planes para controlar la inflación.**

1. programas: mejorar la economía

_____

2. leyes: prevenir los abusos de los derechos humanos

_____

3. resoluciones: combatir el tráfico de drogas

_____

4. regulaciones: proteger el medio ambiente

_____

5. negociaciones: reconciliar a la oposición

_____

_____

**c** **La Ciudad de los Dioses.** Completa la siguiente información acerca de Teotihuacán, usando la preposición **para** o **por**, según convenga.

1. Muchas personas visitan México principalmente _____ ver las impresionantes pirámides de Teotihuacán.

2. No sabemos _____ quiénes fue construida esta ciudad.

3. No sabemos si los habitantes de Teotihuacán usaban este nombre _____ hablar de su ciudad.

4. _____ una ciudad antigua, Teotihuacán era realmente impresionante.

5. Teotihuacán fue y es famosa _____ sus pirámides y templos magníficos.

6. La ciudad no fue destruida _____ una civilización rival, sino _____ facciones internas.

7. Hoy, como antes los aztecas, sentimos respeto _____ las ruinas misteriosas de esta ciudad.

8. _____ todo el mundo, Teotihuacán es una ciudad fascinante y misteriosa.

**d** **Paseo.** Completa con la preposición **para** o **por**, según el sentido, para descubrir lo que hace Milagros durante su paseo.

Ayer di un paseo (1)_____ (=propósito) visitar el Museo Nacional de Antropología.

Caminé (2)_____ (=a lo largo) el Paseo de la Reforma; iba (3)_____ (=hacia) el Parque de Chapultepec, que es donde queda el museo. No quise tomar un taxi o el metro (4)_____ estar el tiempo tan bueno. Cuando llegué al museo, pagué quince

(9)_____ resumir su visión del cosmos. Estuve en el museo (10)_____ varias horas y todavía no había visto todo. Pienso volver otro día (11)_____ ver más cosas. (12)_____ regresar al hotel tomé el metro, porque estaba muy cansada.

# Unidad 4, Lección 1

## 4.1 The Past Participle | Textbook, p. G64

| | Past Participle | |
|---|---|---|
| *-ar* verbs | *-er* verbs | *-ir* verbs |
| terminar | aprender | recibir |
| termin**ado** | aprend**ido** | recib**ido** |

**a** **Breve historia de Cuba.** Completa la siguiente información acerca de Cuba con el participio pasado del verbo indicado entre paréntesis.

Cuba es (1)_____ (conocer) como la Perla de las Antillas. Está

(2)_____ (situar) a 180 kilómetros al sur de la Florida y a 77 kilómetros al oeste de

Haití. Fue (3)_____ (descubrir) por Colón durante su primer viaje y a principios del

siglo XVI fue (4)_____ (colonizar) por Diego de Velázquez. Fue

(5)_____ (declarar) república independiente a comienzos del siglo XX.

Actualmente las zonas más (6)_____ (poblar) son las provincias del Este y La

Habana. Según la Constitución (7)_____ (promulgar) en 1976, Cuba es una

República Democrática y Socialista (8)_____ (dividir) en catorce provincias.

**b** **Trabajo de investigación.** Un(a) compañero(a) te pregunta acerca de un trabajo de investigación sobre Cuba que tienes que presentar en tu clase de español.

MODELO ¿Empezaste el trabajo sobre la historia de Cuba? (Sí) **Sí, está empezado.**
¿Terminaste la investigación? (Todavía no) **No, todavía no está terminada.**

1. ¿Hiciste las lecturas preliminares? (Sí) _____

2. ¿Consultaste la bibliografía? (Sí) _____

3. ¿Empezaste el bosquejo de tu trabajo? (No) _____

4. ¿Transcribiste tus notas? (Todavía no) _____

5. ¿Decidiste cuál va a ser el título? (Sí) _____

6. ¿Escribiste la introducción? (No) _____

7. ¿Devolviste los libros a la biblioteca? (No) _____

8. ¿Resolviste las dudas que tenías? (Todavía no) _____

## 4.2 Passive Constructions | Textbook, p. G66

**a** **¿Qué sabes de Cuba?** Usa la información siguiente para mencionar algunos datos importantes de la historia de Cuba.

MODELO reconocer / por Colón en 1492 **Fue reconocida por Colón en 1492.**

1. poblar / por taínos y ciboneyes _____

2. colonizar / por Diego de Velázquez _____

3. ceder / a EE.UU. por España en 1898 _____

_____

4. declarar / república independiente en 1902 _____

_____

5. transformar / enormemente por la Revolución de 1959 _____

_____

**b** **Poeta nacional.** Completa la siguiente información acerca del poeta cubano Nicolás Guillén usando **ser** + *participio pasado* del verbo indicado.

Nicolás Guillén nació en Camagüey en 1902. Sus primeros versos (1)_____ (publicar) en una revista de Camagüey en 1917. Se hizo famoso con *Motivos de son,* obra que (2)_____ (publicar) en 1930. (3)_____ (encarcelar) dos veces por el gobierno de Fulgencio Batista. Salió al exilio y volvió cuando triunfó la revolución de Fidel Castro en 1959. (4)_____ (aclamar) como el poeta nacional de Cuba y también (5)_____ (elegir) presidente de la Unión de Escritores y Artistas de Cuba. (6)_____ (admirar) como un gran poeta tanto dentro como fuera de su país. Murió en 1989.

**c** **Economía cubana.** Contesta las siguientes preguntas acerca de la economía de Cuba usando **se** + *verbo en tercera persona.*

MODELO ¿Cuál es el principal producto agrícola de Cuba? (cultivar / caña de azúcar principalmente)
**Se cultiva la caña de azúcar principalmente.**

1. ¿Qué otros productos agrícolas tiene Cuba? (cultivar / también frutas tropicales)

   _____

2. ¿Qué maderas hay? (explotar / maderas preciosas)

   _____

3. ¿Hay minerales? (Sí, extraer / varios minerales, como el níquel y el cobre)

   _____

4. ¿Siembran la caña de azúcar en toda la isla? (Sí, pero cosechar / en el oeste de la isla especialmente)

   _____

   _____

**d** **Noticias.** Tú y tus compañeros mencionan diversas noticias que han leído en el periódico de hoy.

MODELO anunciar / una gran tormenta de nieve
**Anuncian una gran tormenta de nieve.**

1. aconsejar / ir a votar temprano en las próximas elecciones

   _____

2. informar / acerca de nuevos avances en la medicina

   _____

3. pronosticar / que la economía va a mejorar

   _____

4. creer / que las negociaciones entre el gobierno y los trabajadores van a tener éxito

   _____

5. denunciar / abusos en algunos bancos locales

   _____

# Unidad 4, Lección 2

## 4.3 Present Subjunctive Forms and the Use of the Subjunctive in Main Clauses

### Present Subjunctive

| | *-ar* verbs | *-er* verbs | *-ir* verbs |
|---|---|---|---|
| | progresar | aprender | vivir |
| yo | progrese | aprenda | viva |
| tú | _____ | _____ | _____ |
| Ud., él, ella | _____ | _____ | _____ |
| nosotros(as) | _____ | _____ | _____ |
| vosotros(as) | progreséis | aprendáis | viváis |
| Uds., ellos, ellas | _____ | _____ | _____ |

### Present Subjunctive: Stem-changing Verbs

| | pensar | volver |
|---|---|---|
| | e → ie | o → ue |
| yo | piense | vuelva |
| tú | _____ | _____ |
| Ud., él, ellas | _____ | _____ |
| nosotros(as) | _____ | _____ |
| vosotros(as) | penséis | volváis |
| Uds., ellos, ellas | _____ | _____ |

### Present Subjunctive: Stem-changing Verbs

| | mentir | dormir | pedir |
|---|---|---|---|
| | e → ie, i | o → ue, u | e → i, i |
| yo | mienta | duerma | pida |
| tú | _____ | _____ | _____ |
| Ud., él, ella | _____ | _____ | _____ |
| nosotros(as) | _____ | _____ | _____ |
| vosotros(as) | mintáis | durmáis | pidáis |
| Uds., ellos, ellas | _____ | _____ | _____ |

### Present Subjunctive: Irregular Verbs

| | haber | ir | saber | ser | dar | estar |
|---|---|---|---|---|---|---|
| yo | haya | vaya | sepa | sea | dé | esté |
| tú | _____ | _____ | _____ | _____ | _____ | _____ |
| Ud., él, ella | _____ | _____ | _____ | _____ | _____ | _____ |
| nosotros(as) | _____ | _____ | _____ | _____ | _____ | _____ |
| vosotros(as) | hayáis | vayáis | sepáis | seáis | deis | estéis |
| Uds., ellos, ellas | _____ | _____ | _____ | _____ | _____ | _____ |

Copyright © McDougal Littell, Inc.

**146** ¡DIME! Unidad 4, Lección 2

**a**  **Deseos.** Describe algunos de los deseos del cantante dominicano Juan Luis Guerra.

MODELO  su esposa / escuchar sus canciones  **Quiere que su esposa escuche sus canciones.**

1. su familia / vivir en un lugar tranquilo

_____

2. sus amigos / conversar con él a menudo

_____

3. su música / reflejar la realidad dominicana

_____

4. sus canciones / llevar un mensaje social

_____

5. los artistas / funcionar como embajadores de buena voluntad

_____

6. la gente / conocer a los poetas hispanos

_____

7. los artistas / comprender y aceptar sus responsabilidades sociales

_____

8. los pobres / recibir atención médica

_____

**b**  **Opiniones contrarias.** Tú y tu compañero(a) expresan opiniones opuestas sobre lo que es bueno para los países del Caribe.

MODELO  probar otros modelos de gobierno
*Tú:*  **Es bueno que prueben otros modelos de gobierno.**
*Compañero(a):*  **Es malo que prueben otros modelos de gobierno.**

1. empezar nuevos experimentos políticos

_____

_____

3. defender su independencia política y económica

_____

_____

4. cerrar sus fronteras

_____

_____

5. tener elecciones libres

_____

_____

6. convertirse en democracia representativa

_____

_____

7. resolver sus problemas internos pronto

_____

_____

Manual de gramática

**c** **Recomendaciones.** Di lo que les recomiendas a las personas que inventan nuevos aparatos o herramientas.

MODELO hacer aparatos simples **Les recomiendo que hagan aparatos simples.**

1. conocer las necesidades de la gente

_____

2. oír la opinión de los expertos

_____

3. construir herramientas resistentes y eficaces

_____

4. producir sus aparatos en grandes cantidades

_____

_____

5. disponer de mucho dinero para la publicidad

_____

6. ofrecer sus aparatos a buenos precios

_____

7. darle al consumidor lo que desea

_____

8. ir a exposiciones industriales

_____

9. ser pacientes

_____

## The Subjunctive in Main Clauses | Textbook, p. G72 |

**a** **Preparativos apresurados.** Eres periodista y tu jefe(a) te ha pedido que hagas un reportaje sobre la República Dominicana. Tienes que salir para allá lo más pronto posible.

MODELO el pasaporte estar al día **Ojalá que el pasaporte esté al día.**

1. (yo) encontrar un vuelo para el sábado próximo

_____

2. (yo) conseguir visa pronto

_____

3. haber cuartos en un hotel de la zona colonial

_____

_____

4. (ellos) dejar pasar mi computadora portátil

_____

5. la computadora portátil funcionar sin problemas

_____

6. (yo) poder entrevistar a muchas figuras políticas importantes

_____

7. el reportaje resultar todo un éxito

_____

**b** **Indecisión.** Tus amigos te preguntan lo que vas a hacer el próximo fin de semana. No puedes darles una respuesta definitiva, pues no estás seguro(a) de lo que quieres hacer.

MODELO ir al cine **Quizás (Tal vez, Probablemente) vaya al cine.**

1. ver una película _____

2. acompañar a mi amiga al centro comercial _____

3. asistir a un concierto _____

4. salir con mis amigos _____

5. tener que trabajar sobretiempo _____

6. conducir a la playa _____

## 4.4 Formal and Familiar Commands | Textbook, p. G73

| | **Formal Ud./Uds. Commands** | | |
|---|---|---|---|
| | **-ar verbs** | **-er verbs** | **-ir verbs** |
| | usar | correr | sufrir |
| Ud. | use _____ | corra _____ | sufra _____ |
| Uds. | | | |

**a** **Atracciones turísticas.** Eres agente de viaje y un(a) cliente tuyo(a) te consulta sobre lugares que debería ver durante su próximo viaje a la República Dominicana. ¿Qué recomendaciones le haces?

MODELO   ver la Casa de Diego Colón   **Vea la Casa de Diego Colón.**

1. visitar la Catedral; admirar la arquitectura colonial

   _____

2. pasearse por la zona colonial; no tener prisa

   _____

3. entrar en el Museo de las Casas Reales

   _____

4. asistir a un concierto en el Teatro Nacional; hacer reservaciones con tiempo

   _____

   _____

5. caminar junto al mar por la Avenida George Washington

   _____

   _____

6. ir al Parque Los Tres Ojos; admirar el Acuario

   _____

7. no dejar de visitar el Faro de Colón

   _____

   _____

**b** **¿Qué hacer?** Un(a) amigo(a) y tú desean viajar a la República Dominicana y les piden consejo a los Núñez, vecinos que han vivido en ese país. Desgraciadamente, los dos no les dan el mismo consejo.

MODELO   ¿Hacemos el viaje durante el verano?
   *Él:*     **Sí, háganlo durante el verano.**
   *Ella:*   **No, no lo hagan durante el verano; hace mucho calor.**

1. ¿Compramos el billete de avión con mucha anticipación?

   *Él:* _____

   *Ella:* _____

2. ¿Visitamos los pueblos pequeños?

   *Él:* _____

   *Ella:* _____

3. ¿Practicamos los deportes submarinos?

   *Él:* _____

   *Ella:* _____

4. ¿Nos bañamos en las playas del norte?

   *Él:* _____

   *Ella:* _____

5. ¿Nos quedamos por lo menos dos semanas en el país?

   *Él:* _____

   *Ella:* _____

# Familiar *tú* Commands

| Familiar *tú* Commands | | |
|---|---|---|
| *-ar* verbs | *-er* verbs | *-ir* verbs |
| usar | correr | sufrir |
| usa    no uses | corre    _____ | sufre    _____ |

**a** **Receta de cocina.** Un(a) amigo(a) te llama por teléfono para pedirte la receta de un plato dominicano. La receta aparece del modo siguiente en tu libro de cocina.

Instrucciones:

1. Cortar las vainitas verdes a lo largo; cocinarlas en un poco de agua.
2. Pelar los plátanos; cortarlos a lo largo; freírlos en aceite hasta que estén tiernos; secarlos en toallas de papel.
3. Mezclar la sopa con las vainitas; tener cuidado; no romper las vainitas.
4. En una cacerola, colocar los plátanos.
5. Sobre los plátanos, poner la mezcla de sopa y vainitas; echar queso rallado encima.
6. Repetir hasta que la cacerola esté llena.
7. Hornear a 350° hasta que todo esté bien cocido.
8. Cortar en cuadritos para servir; poner cuidado; no quemarse.

Ahora dale instrucciones a tu amigo(a) para preparar el plato.

MODELO **Corta las vainitas verdes a lo largo; cocínalas en un poco de agua.**

2. _____
_____
3. _____
4. _____
5. _____
6. _____
7. _____
8. _____

**b** **Elecciones.** Le das consejo a un(a) amigo(a) tuyo(a) que va a participar por primera vez en las próximas elecciones.

MODELO informarse de los programas de los candidatos
**Infórmate de los programas de los candidatos.**

1. leer lo que aparece en el periódico acerca de las elecciones; no creer todo

_____

2. ver las entrevistas a los candidatos en la televisión

_____

3. no perderse los debates televisados

_____

4. ir temprano a votar

_____

5. votar por los que tú consideres los mejores candidatos

_____

6. no sentirse mal si tu candidato pierde

_____

**c** **Consejos contradictorios.** Cada vez que un(a) amigo(a) tuyo(a) te da un consejo sobre cómo debes comportarte como turista en países hispanohablantes, otro(a) amigo(a) te da el consejo opuesto.

MODELO Deja propina en los restaurantes. **No dejes propina en los restaurantes.**

1. Lee acerca de la historia y las costumbres del país que visitas.

_____

2. Esfuérzate por hablar español.

_____

3. Pide información en la oficina de turismo.

_____

4. Ten el pasaporte siempre contigo.

_____

5. No cambies dinero en los hoteles.

_____

6. No comas en los puestos que veas en la calle.

_____

7. No salgas a pasearte solo(a) de noche.

_____

8. Visita los museos históricos.

_____

9. No regatees los precios en las tiendas.

_____

# Unidad 4, Lección 3

## 4.5 Subjunctive: Noun Clauses

Textbook, p. G77

**a** **Recomendaciones.** Tú le indicas a tu compañero(a) cómo debe prepararse cuando hay peligro de huracán.

MODELO comprar provisiones para varios días
**Es necesario (importante, preciso) que compres provisiones para varios días.**

1. examinar el tanque de la gasolina de tu vehículo

_____

_____

2. llenarlo si está vacío

_____

_____

3. mantener una radio y una linterna *(flashlight)* a mano

_____

_____

4. asegurarte de que las pilas *(batteries)* funcionan

_____

_____

5. tener recipientes para guardar agua

_____

_____

6. mirar el botiquín de primeros auxilios

_____

_____

7. comprobar que tiene lo que necesita

_____

_____

**b** **Sugerencias.** Un(a) amigo(a) tuyo(a) que quiere cambiar su vida sedentaria te pide consejos acerca de qué tipo de actividades puede hacer. Tú le mencionas algunas posibilidades.

MODELO ir a un gimnasio **Te recomiendo (aconsejo, sugiero) que vayas a un gimnasio.**

1. practicar el béisbol _____

2. bailar salsa _____

3. jugar al tenis _____

4. hacer ejercicios aeróbicos _____

5. ponerte unos shorts y jugar al baloncesto _____

_____

**c** **Opiniones.** Tú y tus compañeros dan opiniones acerca de Puerto Rico.

MODELO ser verdad / Puerto Rico es un territorio rico
**Es verdad que Puerto Rico es un territorio rico.**
no estar seguro(a) / los puertorriqueños quieren la independencia total
**No estoy seguro(a) (de) que los puertorriqueños quieran la independencia total.**

1. ser evidente / Puerto Rico es un país de cultura hispana

_____

2. pensar / la economía de Puerto Rico se basa más en la industria que en la agricultura

_____

3. no creer / Puerto Rico se va a separar de EE.UU.

_____

_____

4. no dudar / el idioma español va a seguir como lengua oficial

_____

5. ser cierto / los puertorriqueños no tienen que pagar impuestos federales

_____

6. negar / todos los puertorriqueños desean emigrar a EE.UU.

_____

**d** **Datos sorprendentes.** Tú les cuentas a tus amigos las cosas que te sorprenden de Puerto Rico, lugar que visitas por primera vez.

MODELO Puerto Rico / tener tantos monumentos coloniales
**Me sorprende (Es sorprendente) que Puerto Rico tenga tantos monumentos coloniales**

1. la isla / ofrecer tantos sitios de interés turístico

_____

2. tantas personas / vivir en una isla relativamente pequeña

_____

3. los puertorriqueños / mantener sus tradiciones hispanas

_____

4. en la montaña de El Yunque / haber una selva tropical fascinante

_____

5. muy pocos puertorriqueños / querer un estado independiente

_____

6. los puertorriqueños / no necesitar visa para entrar en EE.UU.

_____

7. tantos puertorriqueños / practicar el béisbol

_____

8. los hombres puertorriqueños / tener que inscribirse en el servicio militar de EE.UU.

_____

_____

**Manual de gramática**

**e** **Preferencias.** Habla de las preferencias de muchos puertorriqueños.

MODELO el español / ser lengua oficial **Prefieren que el español sea lengua oficial.**
(los puertorriqueños) / vivir en la isla **Prefieren vivir en la isla.**

1. (los puertorriqueños) / no perder sus costumbres hispanas

_____

2. la isla / permanecer autónoma

_____

3. la isla / no tener sus propias fuerzas armadas

_____

4. (los puertorriqueños) / decidir su propio destino

_____

5. las empresas estadounidenses / no pagar impuestos federales

_____

6. (los puertorriqueños) / gozar de los beneficios de un estado libre asociado

_____

7. Puerto Rico / no convertirse en el estado cincuenta y uno

_____

**f** **Situación mundial.** Tú y tus compañeros dicen lo que les parece importante para mejorar la situación mudial.

MODELO (nosotros) / prevenir / las guerras
**Es bueno (mejor, preferible) que prevengamos las guerras.**

1. (nosotros) / vivir / en armonía

_____

2. (nosotros) / crear / un mundo de paz

_____

3. todo el mundo / saber / leer y escribir

_____

4. las personas / pensar / en los demás; no pensar / en sí mismas solamente

_____

5. las herramientas / servir / para mejorar la vida de todo el mundo

_____

6. nadie / morir / a causa del hambre

_____

7. (nosotros) / proteger / el medio ambiente

_____

8. (nosotros) / decirles a los líderes políticos lo que queremos

_____

9. haber / más oportunidades de empleo para los jóvenes

_____

# Unidad 5, Lección 1

**5.1** **Relative Pronouns** | Textbook, p. G82 |

**a** **Estilo más complejo.** Estás revisando la composición de un(a) compañero(a), en la cual aparecen demasiadas oraciones simples. Le sugieres que combine dos oraciones en una.

MODELO   Claribel Alegría es una famosa escritora salvadoreña.
Escribió *Luisa en el país de la realidad.*
**Claribel Alegría, quien (que) escribió *Luisa en el país de la realidad,* es una famosa escritora salvadoreña.**

1. El líder político José Napoleón Duarte murió en 1990. Fue presidente entre 1984 y 1989.

   _____

   _____

2. Isaías Mata es el creador de la pintura *Cipotes en la marcha por la paz.* Vive actualmente en EE.UU.

   _____

   _____

3. Alfredo Cristiani asumió el cargo de presidente en 1991. Firmó un tratado de paz con el FMLN.

   _____

   _____

4. Óscar Arnulfo Romero fue arzobispo de San Salvador. Luchó por los derechos de los pobres.

   _____

   _____

5. Manlio Argueta es un reconocido escritor salvadoreño contemporáneo. Recibió el Premio Nacional de Novela en 1980.

   _____

   _____

**b** **Conozcamos El Salvador.** Para aprender más sobre El Salvador, identifica los siguientes lugares y cosas usando la información dada entre paréntesis.

MODELO   el pipil (idioma indígena / hablarse en algunas partes de El Salvador)
**El pipil es un idioma indígena que se habla en algunas partes de El Salvador.**

1. San Salvador (ciudad / ser la capital de El Salvador)

   _____

2. El Izalco (volcán / estar todavía en actividad)

   _____

3. El colón (unidad monetaria / usarse en El Salvador)

   _____

4. San Miguel (pueblo / estar al pie de los volcanes Chaparrastique y Chinameca)

   _____

5. El Valle de las Hamacas (región del país / estar en continuo movimiento a causa de temblores)

   _____

**c** **Valiosa escritora salvadoreña.** Completa la siguiente información acerca de Claribel Alegría.

Claribel Alegría, (1)_____ es una célebre escritora salvadoreña, nació en Estelí, (2)_____ es un pueblo de Nicaragua. Sin embargo, ella se considera salvadoreña porque desde muy niña vivió en Santa Ana, (3)_____ es la segunda ciudad más grande de El Salvador. Su esposo Darwin J. Flakoll, (4)_____ es de nacionalidad estadounidense, es también escritor. *Luisa en el país de la realidad*, (5)_____ es uno de sus últimos libros, imita en su título el libro *Alicia en el país de las maravillas* de Lewis Carroll. Luisa, (6)_____ es la protagonista del libro de Alegría, no vive en el país de las maravillas, sino en el a veces violento pero siempre fascinante país de la realidad.

## Uses of *el cual* and *el que*   | Textbook, p. G84 |

| Uses of *el cual* and *el que* | | | |
| --- | --- | --- | --- |
| *el cual* forms | | *el que* forms | |
| SINGULAR | PLURAL | SINGULAR | PLURAL |
| m.  el cual | _____ | el que | _____ |
| f.  _____ | _____ | _____ | _____ |

**a** **Necesito explicaciones.** Tu profesor(a) te ha dicho que el último ensayo que entregaste no es apropiado. Le haces preguntas para saber exactamente por qué no es apropiado.

MODELO   el tema / escribir sobre
         **¿El tema sobre el que escribí no es apropiado?**

1. la bibliografía / basarse en

_____

_____

2. el esquema / guiarse por

_____

_____

3. la tesis central / presentar argumentación para

_____

_____

4. ideas / escribir acerca de

_____

_____

5. las opiniones / protestar contra

_____

_____

6. temas / interesarse por

_____

_____

**b** **Los cadejos.** Para contar la historia de los cadejos, combina las dos oraciones en una usando la forma apropiada de **el cual**.

MODELO   Los cadejos habitan en los volcanes. Son perros mágicos del folklore salvadoreño.
**Los cadejos, los cuales son perros mágicos del folklore salvadoreño, habitan en los volcanes.**

1. Los cadejos protegen a los niños y a los ancianos. Son tataranietos de los volcanes.

_____

2. Las campánulas constituyen el principal alimento de los cadejos. Son flores que parecen campanas.

_____

3. Don Tonio no quería a los cadejos. Era dueño de la tierra de los volcanes.

_____

4. Los soldados de plomo salieron a cazar cadejos. Seguían órdenes de don Tonio.

_____

5. Los volcanes Tecapa y Chaparrastique lucharon contra los soldados de plomo y los vencieron. Eran amigos de los cadejos.

_____

**c** **Isaías Mata.** Completa el siguiente texto con pronombres relativos apropiados para conocer algunos acontecimientos relativamente recientes en la vida del pintor salvadoreño Isaías Mata.

El artista Isaías Mata, (1)_____ pinta en sus obras la realidad salvadoreña, nació en 1956. Llegó a ser director de la Facultad de Arte de la Universidad Centroamericana de San Salvador, institución en (2)_____ había estudiado unos años antes. En 1989 fue detenido por el ejército. Por temor a perder la vida, salió hacia EE.UU., país en (3)_____ pidió asilo. Se fue a vivir a la Misión, (4)_____ es el barrio latino de San Francisco donde viven muchos salvadoreños. Entre 1989 y 1993 produjo numerosas obras, entre (5)_____ hay una (6)_____ se titula *Cipotes en la marcha por la paz.* Ésta es una pintura (7)_____ muestra la esperanza (8)_____ tienen las generaciones jóvenes en un futuro mejor.

## Uses of *lo cual, lo que* and *cuyo*   Textbook, p. G86

**a** **¡Impresionante!** Un grupo de viajeros de regreso de El Salvador dicen qué es lo que más les impresionó.

MODELO   ver en las calles   **Me impresionó lo que vi en las calles.**

1. escuchar en la radio _____
2. leer en los periódicos _____
3. descubrir en mis paseos _____
4. aprender en la televisión _____
5. ver en el Museo de Historia Natural _____
6. contarme algunos amigos salvadoreños _____

**b** **Reacciones.** Usa la información dada para indicar tu reacción al leer diversos datos acerca de El Salvador.

MODELO  El Salvador tiene cuarenta y tres universidades / interesar
**Leí que El Salvador tiene cuarenta y tres universidades, lo cual (lo que) me interesó mucho.**

1. El Salvador es el país más pequeño y el más densamente poblado de Centroamérica / sorprender

_____

_____

2. El Salvador es el único país de la región sin salida hacia el Mar Caribe / extrañar

_____

_____

3. en 1980 más de veinte mil personas murieron a causa de la violencia / chocar

_____

_____

4. hay más de doscientas variedades de orquídeas en el país / fascinar

_____

_____

5. más de la cuarta parte de la población no sabe ni leer ni escribir / deprimir

_____

_____

**c** **¿Cuánto recuerdas?** Hazle preguntas a un(a) compañero(a) para ver si recuerda la información presentada en esta lección acerca de El Salvador.

MODELO  el país / el nombre hace referencia a Jesús
**¿Cuál es el país cuyo nombre hace referencia a Jesús?**

1. el presidente / el período duró entre 1984 y 1989

_____

_____

2. la planta / la semilla se usa para elaborar chocolate

_____

_____

3. el artista / los murales están en San Francisco

_____

_____

4. el grupo político / la inspiración viene de Farabundo Martí

_____

_____

5. la escritora / el esposo es un escritor estadounidense

_____

_____

## 5.2 Present Subjunctive: Adjective Clauses

Textbook, p. G88

**a** **Información, por favor.** Para prepararte para un viaje a San Salvador, escribe algunas de las preguntas que le vas a hacer a tu guía turístico.

MODELO grupos teatrales / dar funciones regularmente
**¿Hay grupos teatrales que den funciones regularmente?**

1. agencias turísticas / ofrecer excursiones a las plantaciones de café

_____

2. tiendas de artesanía / vender artículos típicos

_____

3. escuela de idiomas / enseñar español

_____

4. Oficina de Turismo / dar mapas de la ciudad

_____

5. libro / describir la flora de la región

_____

**b** **Pueblo ideal.** Te encuentras en San Salvador y deseas visitar un pueblo interesante. Descríbele a tu compañero(a) el pueblo que te gustaría visitar, usando la información dada.

MODELO tener edificios coloniales  **Deseo visitar un pueblo que tenga edificios coloniales.**

1. quedar cerca de un parque nacional

_____

2. tener playas tranquilas

_____

3. ser pintoresco

_____

4. no estar en las montañas

_____

5. no encontrarse muy lejos de la capital

_____

**c** **Comentarios.** Completa las siguientes oraciones para saber los diversos comentarios u opiniones que expresaron algunos estudiantes de la clase acerca de El Salvador.

1. Es un país que _____ (producir) mucho café.

2. Uno tiene que prestar atención a los terremotos, que _____ (ser) los desastres naturales más comunes.

3. Los salvadoreños necesitan realizar reformas sociales que _____ (beneficiar) a todo el mundo.

4. Necesitan dictar leyes que _____ (proteger) los recursos naturales.

5. Es un país que _____ (tener) una gran densidad de población.

6. Afortunadamente no hay nada que _____ (favorecer) la polarización política.

7. Deben promover medidas que _____ (garantizar) la paz.

8. El Salvador es el único territorio centroamericano que no _____ (bordear) el Mar Caribe.

9. Deben seguir teniendo elecciones que _____ (ser) pacíficas y democráticas.

10. Creo que no hay ningún programa que _____ (ayudar) a diversificar la economía.

# Unidad 5, Lección 2

## 5.3  Present Subjunctive in Adverbial Clauses: A First Look

Textbook, p. G90

**a**  **Propósitos.** Para saber lo que dicen los miembros del Grupo Teatral Cadejo sobre lo que se proponen cuando hacen teatro, haz oraciones usando **para que** o **a fin (de) que**.

MODELO   nuestros compatriotas / divertirse
**Hacemos teatro para que nuestros compatriotas se diviertan.** o
**Hacemos teatro a fin que nuestros compatriotas se diviertan.**

1. los niños / tener un entretenimiento diferente a la televisión

_____

_____

2. la gente / pensar en temas importantes

_____

_____

3. nuestra gente / conocer a grandes autores

_____

4. el público / instruirse

_____

5. los niños / interesarse por el arte

_____

6. las personas / darse cuenta de los peligros de la guerra

_____

_____

**b**  **Visita dudosa.** Faltan pocos días para que termine tu corta visita a Tegucigalpa y el recepcionista del hotel te pregunta si tienes intenciones todavía de visitar las ruinas de Copán. Tú le aseguras que quieres ir, pero que hay obstáculos.

MODELO   con tal de que / terminar el mal tiempo
**Sí, iré pronto, con tal de que termine el mal tiempo.**

1. a menos (de) que / tener muchas cosas que hacer durante mi último fin de semana

_____

_____

2. con tal (de) que / conseguir un vuelo temprano por la mañana

_____

_____

3. a menos (de) que / planear otra excursión interesante

_____

_____

4. a menos (de) que / deber adelantar mi salida del país

_____

_____

5. con tal (de) que / el hotel de Copán confirmar mis reservaciones

_____

**c** **Opiniones.** Los miembros de la clase expresan diversas opiniones acerca de Honduras. Usa las conjunciones de la lista siguiente para completar las oraciones.

a fin (de) que          con tal (de) que
a menos (de) que      porque
como

1. Los hondureños no van a estar contentos _____ mejore la situación económica.

2. Muchos ciudadanos están contentos _____ existe estabilidad política.

3. La agricultura va a prosperar _____ el gobierno solucione el problema de la distribución de las tierras.

4. _____ la inflación ha bajado en los últimos años, muchos piensan que la economía va a mejorar.

5. Se han dictado nuevas leyes _____ los comerciantes creen nuevas industrias.

**d** **Un aventurero presidente.** Completa la siguiente narración acerca del aventurero estadounidense William Walker, quien fue por un corto tiempo presidente de Nicaragua.

William Walker parte hacia Nicaragua en mayo de 1855 porque (1)_____ (ser) invitado por miembros del Partido Liberal a fin de que él los (2)_____ (ayudar) en su lucha contra los conservadores. En octubre de ese año, sin que el sorprendido ejército nicaragüense (3)_____ (poder) reaccionar, se apodera de la ciudad de Granada. En junio del año siguiente se convierte en presidente, ya que (4)_____ (triunfar) en las elecciones. Antes de que su corto período como líder de la nación (5)_____ (terminar), es reconocido como gobierno legítimo por EE.UU. En 1857 Walker es derrotado por una coalición de países centroamericanos y en mayo de ese año se entrega a la infantería de marina de EE.UU. para que las fuerzas centroamericanas no lo (6)_____ (capturar).

# Unidad 5, Lección 3

## 5.4 Present Subjunctive in Adverbial Clauses: A Second Look

Textbook,
p. G93

**a** **Flexibilidad.** Tú y un(a) amigo(a) tratan de decidir lo que van a hacer. Tú quieres ser muy flexible y se lo muestras cuando te hace las siguientes preguntas.

MODELO  ¿Vamos al cine hoy por la tarde o el próximo viernes? (cuando / [tú] querer)
**Pues, cuando tú quieras.**

1. ¿Nos encontramos frente al café o frente al cine? (donde / convenirte)

_____

2. ¿Te llamo por teléfono a las tres o a las cinco? (como / [tú] desear)

_____

3. ¿Te espero en casa o en el parque cercano? (donde / [tú] decir)

_____

4. ¿Te devuelvo el dinero hoy o mañana? (según / convenirte)

_____

5. ¿Te dejo aquí o en la próxima esquina? (como / serte más cómodo/a)

_____

6. ¿Te paso a buscar a las dos o a las tres? (cuando / [tú] poder)

_____

**b** **Preparativos.** ¿Qué dicen tú y tus compañeros cuando planean una excursión a la Reserva Forestal de Monteverde?

MODELO  tan pronto como / (nosotros) terminar la próxima excursión
**Vamos a ir tan pronto como terminemos la próxima excursión.**

1. después (de) que / (nosotros) visitar la Oficina de Información Turística

_____

2. en cuanto / (nosotros) alquilar equipo para acampar

_____

3. cuando / mejorar el tiempo

_____

4. en cuanto / (nosotros) conseguir los mapas de la región

_____

5. tan pronto como / llamar Mario, quien será nuestro guía

_____

Copyright © McDougal Littell, Inc.

**162** ¡DIME! **Unidad 5, Lección 3**

**c** **Intenciones.** Di lo que piensas hacer en San José, a pesar de que puedas tener problemas.

MODELO  tardar algunas horas / buscar artículos de artesanía en las tiendas
**Aunque tarde algunas horas, voy a buscar artículos de artesanía en las tiendas.**

1. quedar lejos de mi hotel / visitar el Museo de Entomología

_____

_____

2. tener poco tiempo / admirar las antigüedades precolombinas del Museo Nacional

_____

_____

3. estar cansado(a) / dar un paseo por el Parque Central

_____

_____

4. no interesarme la política / escuchar los debates legislativos en el Palacio Nacional

_____

_____

5. no tener hambre / comprar frutas tropicales en el Mercado Borbón

_____

_____

6. no entender mucho de fútbol / asistir a un partido en el Estadio Nacional

_____

_____

**d** **Parques ecológicos.** Completa la siguiente información acerca de los parques nacionales de Costa Rica.

Cuando (1)_____ (querer/tú) admirar la variedad y riqueza de los diferentes ecosistemas costarricenses, debes visitar uno de los muchos parques nacionales y reservas naturales. Como el gobierno (2)_____ (gastar) mucho dinero en estos parques, están muy bien mantenidos. Aunque estas reservas (3)_____ (constituir) un gran atractivo turístico, muchas están situadas en lugares alejados y de difícil acceso. Antes de que (4)_____ (viajar/tú) a un parque, es buena idea pasar por las oficinas del Servicio de Parques Nacionales en San José para obtener mapas, informaciones y permisos, en caso de que (5)_____ (ser) necesarios. El número de visitantes ha aumentado de modo dramático: mientras que en 1986 sólo 86.000 personas (6)_____ (visitar) los parques, en 1991 el total fue de 250.000. Un dato para que (7)_____ (apreciar/tú) la variedad de la fauna de los parques: aunque EE.UU. (8)_____ (ser) muchísimo más grande que Costa Rica, sólo tiene unas 800 especies diferentes de pájaros; en Costa Rica se han registrado más de 850.

# Unidad 6, Lección 1

## 6.1 Future: Regular and Irregular Verbs

Textbook, p. G96

### Future Tense: Regular Verbs

|  | *-ar* verbs regresar | *-er* verbs vender | *-ir* verbs recibir |
|---|---|---|---|
| yo | regresaré | venderé | recibiré |
| tú | _____ | _____ | _____ |
| Ud., él, ella | _____ | _____ | _____ |
| nosotros(as) | _____ | _____ | _____ |
| vosotros(as) | regresaréis | venderéis | recibiréis |
| Uds., ellos, ellas | _____ | _____ | _____ |

**a** **¿Qué harán?** Di lo que harán las personas indicadas el próximo fin de semana.

MODELO **Iremos a una fiesta.**

1. tú _____
_____
_____

2. yo _____
_____
_____

3. Catalina y Verónica
_____
_____

4. nosotros _____
_____
_____

5. ustedes _____
_____
_____

6. Jaime y sus amigos
_____
_____

7. tú _____
_____
_____

Copyright © McDougal Littell, Inc.

**b** **La rutina del dentista.** El dentista de la historia de García Márquez parece ser un hombre muy metódico. Di lo que hará mañana.

MODELO   abrir el gabinete a las seis de la mañana
**Abrirá el gabinete a las seis de la mañana.**

1. sacar una dentadura postiza de la vidriera _____

2. poner los instrumentos sobre la mesa _____

3. ordenarlos de mayor a menor _____

4. rodar la fresa hacia el sillón _____

5. sentarse _____

6. pulir la dentadura _____

7. trabajar con determinación _____

8. pedalear en la fresa _____

9. trabajar por unas horas _____

10. hacer una pausa _____

**c** **Promesas de un amigo.** Completa el párrato con el futuro de los verbos indicados para saber lo que te promete una amiga antes de salir hacia Bogotá.

Cuando te escriba, te (1)_____ (decir) qué aprendí y también cómo me divertí

durante mi estadía en Bogotá. (2)_____ (Tener) muchas cosas que contarte. No

(3)_____ (poder) salir de Bogotá todos los fines de semana, pero (4)_____

(salir) de la ciudad varias veces. (5)_____ (Poder/nosotros) hablar largas horas

cuando nos veamos.

**d** **Posibles razones.** Varias personas del pueblo ven entrar al alcalde en el consultorio del dentista. Como todos saben que son enemigos, se preguntan las razones de esa visita.

MODELO   estar enfermo   **¿Estará enfermo?**

1. dolerle una muela _____

_____

2. necesitar atención médica _____

_____

3. tener un absceso _____

_____

4. querer hacerse un examen _____

_____

5. desear hablar de asuntos políticos _____

_____

6. ir a atacar al dentista _____

_____

**Manual de gramática**

# Unidad 6, Lección 2

## 6.2  Conditional: Regular and Irregular Verbs

Textbook, p. G99

| Conditional Tense: Regular Verbs | | |
|---|---|---|
| | *-ar* verbs | *-er* verbs | *-ir* verbs |
| | regresar | vender | recibir |
| yo | regresaría | vendería | recibiría |
| tú | _____ | _____ | _____ |
| Ud., él, ella | _____ | _____ | _____ |
| nosotros(as) | _____ | _____ | _____ |
| vosotros(as) | regresaríais | venderíais | recibiríais |
| Uds., ellos, ellas | _____ | _____ | _____ |

**a**  **Entrevista.**  Eres periodista y Rubén Blades, uno de los candidatos a la presidencia de Panamá, te ha concedido una entrevista. ¿Qué preguntas le vas a hacer?

MODELO   cómo / mejorar la economía   **¿Cómo mejoraría Ud. la economía?**

1. qué reformas educacionales / proponer

   _____

2. cuánto / diversificar la economía

   _____

3. cómo / proteger las selvas tropicales

   _____

4. cuántos nuevos empleos / crear

   _____

5. cómo / darles más estímulos a los artistas

   _____

6. qué medidas / tomar para mejorar la salud pública

   _____

**b**  **Suposiciones.**  Hoy todos los estudiantes hablan de por qué una estudiante panameña de intercambio no vino a hablar de su país el día anterior, como les había prometido.

MODELO   tener un inconveniente de última hora   **Tendría un inconveniente de última hora.**

1. caer enferma repentinamente _____

2. perder el autobús en que viene a clases _____

3. cambiar de idea _____

4. no estar preparada para hacer su presentación _____

   _____

5. olvidar que la presentación era ayer _____

Copyright © McDougal Littell, Inc.

**c** **Consejos.** Un(a) amigo(a) y tú hablan con un(a) panameño(a) a quien conocen. Completa el siguiente diálogo para saber qué consejos les da acerca de posibles lugares que podrían visitar.

Tú:                —¿Nos (1)_____ (poder/tú) decir qué lugares deberíamos visitar?

Panameño(a):    —(2)_____ (Deber/Uds.) visitar la Zona del Canal, por supuesto. Y no

                   (3)_____ (querer) dejar de pasear por la Ciudad de Panamá.

Amigo(a):         —Nos (4)_____ (gustar) visitar algunas ruinas antiguas.

Panameño(a):    —Pues, entonces, (5)_____ (poder/Uds.) ir a Panamá Viejo.

Tú:                —¿Está cerca de la Ciudad de Panamá? (6)_____ (Preferir/nosotros)

                   no viajar demasiado lejos.

Panameño(a):    —Está muy cerca. Un poco más de cinco kilómetros.

**d** **El futuro del Canal.** Completa el siguiente texto para conocer algunas de las estipulaciones del tratado que firmaron Panamá y EE.UU. en 1977.

El Tratado de 1977 estipuló que la Zona del Canal (1)_____ (llamarse) de ahí en

adelante Área del Canal; que esa área (2)_____ (pasar) a manos panameñas en el

año 2000; que los puertos de Cristóbal y Balboa también (3)_____ (estar) en

manos panameñas a partir de esa fecha; que la Comisión del Canal

(4)_____ (administrar) el Canal a partir de la fecha del tratado y hasta el

año 2000. Además, según el tratado, EE.UU. (5)_____ (tener) el derecho de seguir

manteniendo algunas bases militares.

# Unidad 6, Lección 3

**6.3 Imperfect Subjunctive: Forms and *si*-clauses**

Textbook, p. G102

| Imperfect Subjunctive | | |
|---|---|---|
| *-ar* verbs | *-er* verbs | *-ir* verbs |
| tomar | prometer | insistir |
| yo | tomara | prometiera | insistiera |
| tú | _____ | _____ | _____ |
| Ud., él, ella | _____ | _____ | _____ |
| nosotros(as) | _____ | _____ | _____ |
| vosotros(as) | tomarais | prometierais | insistierais |
| Uds., ellos, ellas | _____ | _____ | _____ |

**a** **Recomendaciones.** Di lo que les recomendarías a tus compañeros que hicieran o no hicieran.

MODELO **Les recomendaría que estudiaran más.**

1. _____
_____
_____

5. _____
_____
_____

2. _____
_____
_____

6. _____
_____
_____

3. _____
_____
_____

7. _____
_____
_____

4. _____
_____
_____

8. _____
_____
_____

**b** **Deseos.** Cuando les preguntas a tus amigos caraqueños si les gusta la ciudad, todos te dicen que sí. Pero todos dicen también que les gustaría más la ciudad si tuviera o no tuviera otras cualidades. ¿Cuáles son algunas de esas cualidades?

MODELO  aumentar las líneas del metro
**Dicen que les gustaría más si aumentaran las líneas del metro.**

1. controlar mejor el crecimiento de la ciudad

_____

2. solucionar los embotellamientos del tráfico

_____

3. estar más cerca las playas

_____

4. mantener mejor las autopistas

_____

5. no permitir tantos vehículos en las autopistas

_____

6. crear más áreas verdes en la ciudad

_____

**c** **Planes remotos.** Di lo que a ti te gustaría hacer si pudieras visitar Venezuela.

MODELO  ir a Venezuela / visitar la zona amazónica
**Si fuera a Venezuela, visitaría la zona amazónica.**

1. viajar a Venezuela / sobrevolar el Salto del Ángel, la catarata más alta del mundo

_____

2. visitar Maracaibo / ver las torres de perforación petroleras

_____

3. hacer buen tiempo / tomar sol en las playas del Litoral

_____

4. tener tiempo / admirar los llanos venezolanos

_____

5. estar en Mérida / subirme en el teleférico más alto y más largo del mundo

_____

6. poder / pasearme por la ciudad colonial de Coro

_____

7. estar en Caracas / entrar al Museo Bolivariano y a la Casa Natal del Libertador

_____

8. en Caracas, querer comprar algo / ir a las tiendas de Sabana Grande

_____

**d** **Poniendo condiciones.** Di bajo qué condiciones harías lo siguiente en Caracas.

MODELO   Visitaría la iglesia colonial de San Francisco si . . .
**Visitaría la iglesia colonial de San Francisco si me interesara la historia
o la arquitectura.**

1. Usaría el metro si . . .
**Las respuestas van a variar.**

_____

_____

2. Manejaría por las autopistas si . . .

_____

_____

_____

3. Subiría al teleférico del Ávila si . . .

_____

_____

_____

4. Pasaría unas horas en el zoológico de Caricuao si . . .

_____

_____

_____

5. Correría en el Parque del Este si . . .

_____

_____

_____

6. Iría al inmenso y moderno Centro Comercial Ciudad Tamanaco si . . .

_____

_____

_____

# Unidad 7, Lección 1

## 7.1 Imperfect Subjunctive: Noun and Adjective Clauses

Textbook, p. G106

**a** **Los pedidos de la víbora.** Di lo que la víbora le pidió al hombre en la leyenda "El hombre y la víbora".

MODELO salvarla **La víbora le pidió al hombre que la salvara.**

1. no irse _____

2. escucharla con atención _____
_____

3. ser bueno con ella _____
_____

4. hacerle un favor _____
_____

5. librarla de morir _____

6. impedir que la piedra la matara _____
_____

7. quitar la piedra _____
_____

**b** **Las quejas del buey.** Menciona las quejas que tiene el buey contra su amo en la leyenda quechua.

MODELO no tratarlo bien **El buey se lamentó de que su amo no lo tratara bien.**

1. no darle una recompensa
_____

2. no alimentarlo
_____

3. no agradecerle su trabajo
_____

4. no recompensarlo debidamente
_____

5. no ser justo
_____

6. hacerlo trabajar demasiado
_____

7. no preocuparse por su salud
_____

**C** **Reacciones.** Describe las diversas reacciones de algunos personajes a lo largo de la leyenda quechua.

MODELO hombre / temer / víbora / picarlo **El hombre temió (temía) que la víbora lo picara.**

1. hombre / querer/ ayudar a / víbora

   _____

2. víbora / pedir / hombre / dejarla libre

   _____

3. buey / no pensar / problemas del hombre / ser / importantes

   _____

   _____

4. hombre / lamentar / caballo / no entender su queja

   _____

   _____

5. víbora / alegrarse de / dos jueces / darle la razón

   _____

   _____

6. hombre / temer / encontrar a un tercer juez como los anteriores

   _____

   _____

7. el zorro / querer / ayudar al hombre

   _____


**D** **Deseos y realidad.** Di primeramente qué tipo de gobernante pedía la gente durante las últimas elecciones presidenciales del Perú. En seguida, di si, en tu opinión, la gente obtuvo o no ese tipo de gobernante.

MODELO crear empleos **La gente pedía un gobernante que creara empleos.**
**La gente eligió un gobernante que (no) creó empleos.**

1. reducir la inflación

   _____

   _____

   _____

2. eliminar la violencia

   _____

   _____

   _____

3. continuar el desarrollo de la agricultura

   _____

   _____

   _____

4. atender a la clase trabajadora

   _____

   _____

   _____

5. obedecer la constitución

   _____

   _____

   _____

6. dar más recursos para la educación

   _____

   _____

   _____

7. hacer reformas económicas

   _____

   _____

   _____

8. construir más carreteras

   _____

   _____

   _____

# Unidad 7, Lección 2

**7.2   Imperfect Subjunctive: Adverbial Clauses**

Textbook,
p. G108

**a**   **Los planes de tu amigo(a).** Un(a) amigo(a) te habló de sus planes de pasar un semestre en Quito. ¿Qué te dijo?

MODELO   a menos que / no reunir el dinero necesario
**Me dijo que pasaría el próximo semestre en Quito a menos que no reuniera el dinero necesario.**

1. con tal que / encontrar una buena escuela donde estudiar

_____

2. siempre que / aprobar todos los cursos que tiene este semestre

_____

3. a menos que / tener problemas económicos

_____

4. a fin de que / su español mejorar

_____

5. en caso de que / poder vivir con una familia

_____

**b**   **Primer día.** Tu amigo(a) imagina cómo sería su primer día en la capital ecuatoriana. ¿Cómo piensa que sería su viaje?

MODELO   llegar al aeropuerto / tomar un taxi al hotel
**Tan pronto como (En cuanto) yo llegara al aeropuerto Mariscal Sucre, tomaría un taxi al hotel.**

1. entrar en mi cuarto de hotel / ponerse ropa y zapatos cómodos

_____

2. estar listo(a) / ir a la Plaza de la Independencia y entrar en la Catedral

_____

3. salir de la Catedral / mirar las tiendas de los alrededores

_____

4. cansarse de mirar tiendas / caminar hacia la Plaza San Francisco

_____

5. alcanzar la Plaza San Francisco / buscar la iglesia del mismo nombre

_____

6. terminar de admirar el arte de la iglesia / volver al hotel, seguramente cansadísimo(a)

_____

**El petróleo ecuatoriano.** Completa la siguiente narración acerca de la economía ecuatoriana en el pasado reciente.

Antes de que se (1)_____ (descubrir) el petróleo, Ecuador tenía una economía predominantemente agrícola basada en el cultivo de bananas, café y cacao. A partir de 1972, cuando la producción petrolera (2)_____ (alcanzar) cantidades considerables, la importancia de la agricultura empezó a declinar, aunque todavía (3)_____ (tener) importancia. Todo iba bien, a menos que (4)_____ (bajar) los precios mundiales del petróleo. Era una economía inestable porque todos (5)_____ (saber) que, en el futuro, tan pronto como (6)_____ (bajar) los precios del petróleo, la economía nacional sufriría. Afortunadamente, antes de que se (7)_____ (producir) el temido colapso económico, la economía comenzó a diversificarse, tendencia que continúa en nuestros días.

# Unidad 7, Lección 3

**7.3 Present Perfect: Indicative and Subjunctive**

Textbook, p. G111

| Present Perfect | | |
|---|---|---|
| | Indicative | Subjunctive |
| yo | **he** terminado | **haya** recibido |
| tú | _____ terminado | _____ recibido |
| Ud., él, ella | _____ terminado | _____ recibido |
| nosotros(as) | _____ terminado | _____ recibido |
| vosotros(as) | **habéis** terminado | **hayáis** recibido |
| Uds., ellos, ellas | _____ terminado | _____ recibido |

**a** **Cambios recientes.** Menciona algunos cambios que han ocurrido en Bolivia últimamente.

MODELO  introducir reformas agrarias  **Se han introducido reformas agrarias.**

1. nacionalizar algunas empresas

_____

2. repartir tierras a los campesinos

_____

3. promover el desarrollo de la zona oriental

_____

4. tratar de estabilizar la economía

_____

5. crear una nueva moneda, el boliviano

_____

6. escoger como presidente al candidato del Movimiento Nacionalista Revolucionario

_____

**b** **La Puerta del Sol.** Tú y tus compañeros especulan acerca del origen y la función de la Puerta del Sol de Tiahuanaco.

MODELO  formar parte de un templo
**Es posible que la Puerta del Sol haya formado parte de un templo.**

1. ser la puerta de entrada de un palacio

_____

2. constituir el centro religioso de un imperio

_____

3. ser construida hace más de veinticinco siglos

_____

4. tener un significado político y religioso

_____

5. señalar las tumbas de los reyes

_____

**c** **Quejas.** Un(a) amigo(a) que visitó La Paz con un grupo de compañeros se lamenta de que no hayan podido hacer todas las cosas que habían planeado.

MODELO ir a Tiahuanaco **Mi amigo(a) siente que ellos no hayan ido a Tiahuanaco.**

1. visitar el Museo de Instrumentos Nativos

_____

_____

2. poder ver el Festival del Gran Poder

_____

3. comer empanadas en el Mercado Camacho

_____

_____

4. asistir a un festival de música andina

_____

_____

5. subir al Parque Mirador Laykacota

_____

_____

6. ver la colección de objetos de oro en el Museo de Metales Preciosos

_____

_____

**d** **¿Cuánto sabes?** Un(a) compañero(a) te hace preguntas acerca de la cultura boliviana.

MODELO estar en La Paz **¿Has estado en La Paz?**
**No, nunca he estado en La Paz. (o Sí, he estado allí dos veces.)**

1. escuchar música andina

_____

_____

2. leer acerca de las culturas preincaicas

_____

_____

3. visitar Sucre, la capital legal de Bolivia

_____

_____

4. estudiar quechua

_____

_____

5. dar un paseo en barco por el Lago Titicaca

_____

_____

6. tocar la quena o el charango

_____

_____

7. sufrir de soroche

_____

_____

8. oír la canción "El cóndor pasa"

_____

_____

# Unidad 8, Lección 1

## 8.1 Other Perfect Tenses

Textbook, p. G114

| | Past Perfect Indicative | Past Perfect Subjunctive |
|---|---|---|
| yo | **había** aceptado | **hubiera** aceptado |
| tú | _____ aceptado | _____ aceptado |
| Ud,. él, ella | _____ aceptado | _____ aceptado |
| nosotros(as) | _____ aceptado | _____ aceptado |
| vosotros(as) | **habíais** aceptado | **hubierais** aceptado |
| Uds., ellos, ellas | _____ aceptado | _____ aceptado |
| | **Future Perfect** | **Conditional Perfect** |
| yo | **habré** comprendido | **habría** comprendido |
| tú | _____ comprendido | _____ comprendido |
| Ud,. él, ella | _____ comprendido | _____ comprendido |
| nosotros(as) | _____ comprendido | _____ comprendido |
| vosotros(as) | **habréis** comprendido | **habríais** comprendido |
| Uds., ellos, ellas | _____ comprendido | _____ comprendido |

**a** **Investigación.** Los detectives están investigando la muerte del hombre sentado en el sillón de terciopelo verde. Uno de los trabajadores de la finca menciona las preguntas que le hicieron.

MODELO   notar algo especial
**Me preguntaron si había notado algo especial.**

1. estar en casa todo el día

   _____

   _____

2. ver a alguien en la casa

   _____

   _____

3. oír ladrar los perros

   _____

   _____

4. escuchar ruidos extraños

   _____

   _____

5. llamar a la policía de inmediato

   _____

   _____

6. hablar recientemente con la esposa del hombre muerto

   _____

   _____

**b** **Quejas.** En los años ochenta los argentinos se quejaban de muchas cosas que habían ocurrido la década anterior. ¿Qué lamentaba la gente?

MODELO  la deuda externa / aumentar drásticamente
**La gente lamentaba que en los años anteriores la deuda externa hubiera aumentado drásticamente.**

1. la productividad del país / disminuir

_____

2. los precios de la ropa y de los comestibles / subir mucho

_____

_____

3. la inflación / no controlarse

_____

_____

4. el estándar de vida / declinar

_____

_____

5. la guerra de las Malvinas / perderse

_____

_____

6. miles de personas / desaparecer

_____

_____

**c** **Predicciones.** Los uruguayos son muy optimistas. ¿Qué opiniones expresan acerca de lo que creen que habrá ocurrido antes de que termine el siglo XX?

MODELO  el país / modernizarse completamente
**Antes de que termine el siglo XX, el país ya se habrá modernizado completamente.**

1. el desempleo / bajar

_____

2. la economía / estabilizarse

_____

3. la deuda externa / pagarse

_____

4. el país / convertirse en una potencia agrícola

_____

5. la energía hidroeléctrica / desarrollarse

_____

6. la red caminera / aumentar

_____

7. el país / llegar a ser una nación industrializada

_____

**d** **Vacaciones muy cortas.** Después de una corta estadía en Montevideo, les dices a tus amigos lo que habrías hecho en caso de que hubieras podido quedarte más tiempo.

MODELO   ir a la playa de Pocitos   **Habría ido a la playa de Pocitos.**

1. pasearme por las ramblas _____

_____

2. mirar más tiendas de la avenida 18 de Julio _____

_____

3. admirado los cincuenta y cinco colores del mármol del Palacio Legislativo _____

_____

4. ver el Monumento a la Carreta _____

_____

5. asistir a un partido de fútbol en el Estadio Centenario _____

_____

6. volver muchas veces más a la Plaza de la Independencia _____

_____

7. tomar té en una confitería _____

_____

8. escuchar tangos en una tanguería _____

_____

Manual de gramática

# Unidad 8, Lección 2

## 8.2 Sequence of Tenses: Indicative

Textbook, p. G117

| Indicative | | | |
|---|---|---|---|
| **Simple Tenses** | **Perfect Tenses** | | |
| Present | acepto | **Present Perfect** | he aceptado |
| Future | _____ | **Future Perfect** | _____ aceptado |
| Imperfect | _____ | **Past Perfect** | _____ aceptado |
| Preterite | _____ | **Preterite Perfect** | _____ aceptado |
| Conditional | _____ | **Conditional Perfect** | _____ aceptado |

**a** **Lecturas.** Menciona algunos de los datos que recuerdas de tus lecturas sobre Paraguay.

MODELO   la guerra del Chaco / tener lugar entre 1932 y 1935
**Leí que la guerra del Chaco tuvo lugar entre 1932 y 1935.**

1. Juan Salazar de Espinosa / fundar Asunción en 1537

_____

_____

2. los jesuitas / organizar misiones en el siglo XVII

_____

_____

3. José Gaspar Rodríguez de Francia / gobernar el país desde 1814 hasta 1840

_____

_____

4. Augusto Roa Bastos / publicar su novela *Yo, el supremo* en 1974

_____

_____

5. Josefina Plá / escribir un ensayo sobre el barroco hispano-guaraní en 1975

_____

_____

6. el general Stroessner / ser derrocado en 1989

_____

_____

7. el general Andrés Rodríguez / ser elegido presidente en 1989

_____

_____

8. Juan Carlos Wasmosy / ganar las elecciones presidenciales en 1993

_____

_____

**b** **Recuerdos.** Un señor paraguayo te cuenta cómo era su vida cuando supo de la declaración de guerra entre Paraguay y Bolivia en 1932.

MODELO   tener dieciocho años   **Cuando comenzó la guerra, yo tenía dieciocho años.**

1. vivir en Misiones con mi familia _____

_____

2. no estar casado _____

_____

3. no trabajar _____

_____

4. estar todavía en la escuela _____

_____

5. no estar inscrito en el servicio militar _____

_____

6. creer que no sería un conflicto muy serio _____

_____

**c** **Futuro inmediato.** ¿Cómo ves la situación en Paraguay en los próximos veinte años?

MODELO   haber estabilidad política
        **Opino que habrá estabilidad política todavía.** o
        **(Opino que no habrá estabilidad política.)**

1. enseñarse el guaraní en las escuelas privadas _____

_____

2. desarrollarse proyectos económicos con países vecinos _____

_____

3. publicarse libros y periódicos en guaraní _____

_____

4. cultivarse algodón y maní _____

_____

5. construirse vías férreas _____

_____

Manual de gramática

**d** **¿Qué pasará?** ¿Habrá cambios en Paraguay antes del fin del siglo XX?

MODELO   la constitución / cambiar
**Me imagino que antes del fin del siglo XX la constitución (no) habrá cambiado.**

1. la población / alcanzar diez millones

_____

_____

2. el país / participar en una guerra con sus vecinos

_____

_____

3. los paraguayos / poblar el norte del país

_____

_____

4. la gente / destruir la jungla

_____

_____

5. la lengua guaraní / desaparecer

_____

_____

6. el aislamiento del país / ser superado

_____

_____

**e** **¡Ahora sé más!** Di lo que pensabas acerca de Paraguay antes de leer la lección y después de leerla.

MODELO   el país más pequeño de Sudamérica
**Pensaba que Paraguay era el país más pequeño de Sudamérica, pero ahora sé que no es el más pequeño.**

1. estar al norte de Bolivia _____

_____

2. tener salida al mar _____

_____

3. exportar café principalmente _____

_____

4. no tener grupos indígenas _____

_____

5. no producir energía hidroeléctrica _____

_____

# Unidad 8, Le

**8.3**  **Sequence of Tense**
**Indicative and Subj**

| Textbook, |
| p. G120 |

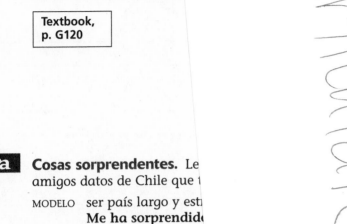

| ...ence of Tenses | |
| --- | --- |
| | **Dependent Verb (Subjunctive)** |
| | Present Present Perfect |
| | **Dependent Verb (Subjunctive)** |
| | Imperfect Past Perfect |

**a**  **Cosas sorprendentes.** Le
amigos datos de Chile que t

MODELO  ser país largo y est...
  **Me ha sorprendid...**

1. poseer una parte de la A...

   _____

2. tener posesiones en el océ...

   _____

3. concentrar la población e...

   _____

4. gozar, en la zona central, de un clima y paisaje semejantes a los de California

   _____

   _____

5. disponer de canchas de esquí de renombre mundial

   _____

6. producir vinos famosos en el mundo entero

   _____

**b**  **Posible visita.** Tú y tus amigos dicen cuándo o bajo qué condiciones visitarán Chile.

MODELO  antes de que / terminar el año escolar
  **Visitaré Chile antes de que termine el año escolar.**

1. tan pronto como / reunir dinero

   _____

2. con tal (de) que / poder quedarme allí tres meses por lo menos

   _____

3. después (de) que / graduarme

   _____

4. cuando / estar en mi tercer año de la universidad

   _____

5. en cuanto / aprobar mi curso superior de español

   _____

**c** **Cosas buenas.** Éstas son algunas de las respuestas que te dan tus amigos chilenos cuando les preguntas qué cambios desean en el país.

MODELO   la economía / no depender de los precios del cobre
**Sería bueno que la economía no dependiera de los precios del cobre.**

1. el país / tener otros centros económicos importantes, además de Santiago

_____

_____

2. el gobierno / proteger la industria nacional

_____

_____

3. la carretera panamericana / estar mejor mantenida

_____

_____

4. el gobierno / preocuparse más de la preservación de las riquezas naturales

_____

_____

5. nosotros / explotar más los recursos minerales del desierto de Atacama

_____

_____

6. el presidente / (no) poder ser reelegido

_____

_____

**d** **Recuerdos de años difíciles.** Algunos amigos chilenos te hablan de lo que le gustaba y no le gustaba a la gente durante los años ochenta.

MODELO   las libertades individuales / desaparecer
**A la gente no le gustaba que las libertades individuales hubieran desaparecido.**

1. la exportación de fruta / aumentar _____

_____

2. el orden público / restablecerse _____

_____

3. la economía / mejorar un poco _____

_____

4. los latifundios / no eliminarse _____

_____

5. el costo de la educación / subir mucho _____

_____

6. muchos profesionales / abandonar el país _____

_____

### *Si*-clauses

| Textbook, p. G122 |
|---|

<table>
<tr><td colspan="2">Si-clauses</td></tr>
<tr><td colspan="2">For actions likely to take place in the present or future:</td></tr>
<tr><td>si-clause</td><td>result clause</td></tr>
<tr><td>si + present indicative</td><td>present indicative<br>future<br>command</td></tr>
<tr><td colspan="2">For unlikely or contrary-to-fact actions or situations in the present or in the future:</td></tr>
<tr><td>si-clause</td><td>result clause</td></tr>
<tr><td>si + imperfect subjunctive</td><td>conditional</td></tr>
<tr><td colspan="2">For contrary-to-fact actions in the past:</td></tr>
<tr><td>si-clause</td><td>result clause</td></tr>
<tr><td>si + past perfect subjunctive</td><td>conditional perfect</td></tr>
</table>

**a** **Planes.** ¿Qué planes tienes para los días que vas a pasar en Santiago?

MODELO   ir al parque de atracciones de Fantasilandia
**Si tengo tiempo, iré al parque de atracciones de Fantasilandia.**

1. subir al cerro San Cristóbal _____
_____

2. entrar en La Chascona, una de las casas de Pablo Neruda en Santiago _____
_____

3. esquiar en Farellones _____
_____

4. salir para el pueblo de Pomaire para ver trabajar a los artesanos _____
_____

5. ver el glaciar del Parque Nacional El Morado _____
_____

**b** **En el sur.** ¿Qué harías en el sur de Chile si pudieras ir allí también?

MODELO   bajar a las minas subterráneas de carbón de Lota
**Si pudiera ir al sur de Chile, bajaría a las minas subterráneas de carbón de Lota.**

1. navegar en el río Bío-Bío
_____

2. recorrer algunos pueblos mapuches cerca de Temuco
_____

3. ver los fuertes españoles del siglo XVII cerca de Valdivia
_____

4. pasearme por los densos bosques del Parque Nacional Puyehue cerca de Osorno
_____

5. alquilar un bote en el lago Llanquihue
_____

**Manual de gramática**

**c** **¡Qué lástima!** Chile es un país tan largo que no pudiste visitar todo lo que querías. Di lo que habrías hecho si hubieras tenido tiempo.

MODELO   visitar el desierto de Atacama
        **Si hubiera tenido tiempo, habría visitado el desierto de Atacama.**

1. pasar unos días en Arica, cerca de la frontera con el Perú

   _____

2. ver los edificios coloniales de La Serena

   _____

3. entrar en iglesias del siglo XVIII en la isla de Chiloé

   _____

4. volar a Punta Arenas, la ciudad más austral del mundo

   _____

5. hacer una visita a la Isla de Pascua

   _____

## 8.4 Imperfect Subjunctive in Main Clauses

Textbook, p. G124

**a** **Recomendaciones.** Un amigo te hace amables recomendaciones acerca de tu próximo viaje a Chile.

MODELO   consultar a un agente de viajes   **Pudieras (Podrías) consultar a un agente de viajes.**

1. viajar durante los meses calurosos de verano _____

   _____

2. llevar dólares en vez de pesos chilenos _____

3. leer una guía turística _____

4. comprar tu billete de avión con anticipación _____

5. pasar más de cinco días en Santiago _____

6. ver la región de los lagos _____

**b** **Soñando.** Tú y tus compañeros expresan deseos que seguramente no se cumplirán.

MODELO   no tener que estudiar para el examen de mañana
        **Ojalá no tuviera que estudiar para el examen de mañana.**

1. estar tomando el sol en una playa en estos momentos _____

   _____

2. andar de viaje por el cono Sur _____

3. ganar un viaje a Chile _____

4. aprobar todos mis cursos sin asistir a clase _____

   _____

5. tener un empleo interesante _____

6. poder jugar al tenis más a menudo _____